穿越时空之旅

U0959316

彼得大帝时代

[俄罗斯] 叶甫盖尼娅·苏斯洛娃 著
[俄罗斯] A. 鲁班 绘
李雪 译

译林出版社

（古代的）小桡战船

“英格尔曼兰德号”战列舰

双轨纵横帆帆船

彼得大帝小艇

“斯坦达特号”护卫舰

帝的先见号”战舰

“普林茨普姆号”大桡战船

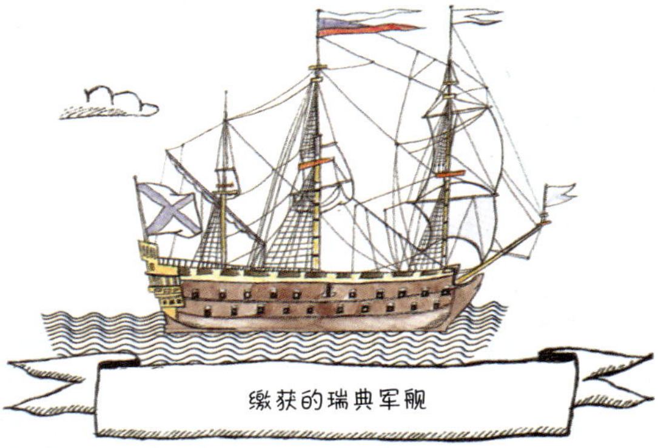

缴获的瑞典军舰

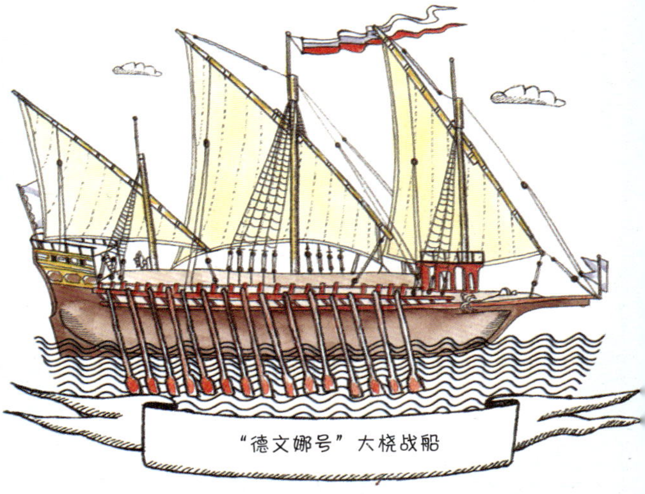

“德文娜号”大桡战船

目 录

时间长河 6

寒冷的17世纪 8

西方化政策：彼得一世之父 10

王座的秘密：伊凡和彼得同时登基 12

从克里姆林宫到修道院：

索菲娅公主的摄政生涯 14

英国房子里的大洗劫：

大使团的欧洲之旅 16

知道自己的身份地位：

18世纪的阶层 18

怎样加官晋爵 20

瓷砖镶面的火炉：贵族之家 22

牛膀胱做的窗户：农民的木屋 23

自由婚姻？彼得大帝时代的家庭 24

辛苦的童年 26

用作甜点的腌黄瓜：18世纪的食物 28

胡须税：时代新潮流 30

“彼得窠巢中养大的雏鹰” 32

信任，但是要核实：秘密警察 34

皇太子阿列克谢离奇之死 35

万事从新：彼得一世的政治改革 36

宗教改革 38

谁来参军：征兵制 39

北方战争的开局之战：

纳尔瓦狼狈溃退 40

全年无休的服役制度：军事改革 42

北方战争的转折点：波尔塔瓦会战 44

“一定要有军舰”：

俄罗斯舰队的诞生 46

征服大海 48

从要塞到城市：圣彼得堡的诞生 50

在彼得一世的“天堂”：

圣彼得堡的生活 52

谁来拔牙：彼得大帝时代的医学 54

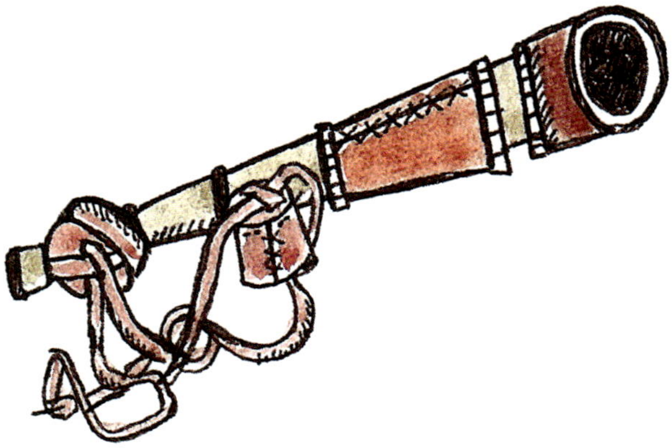

大钐刀：18世纪的农业 56

我拉坯，你烧制：

工场手工业的发展 58

雪橇上的房子：

彼得大帝时代的交通工具 60

鱼鳞币 62

艰苦的科学路：18世纪的教育 64

阅读是最好的学习：

彼得大帝时代的印刷业 66

从圣像画到肖像画：

18世纪的俄罗斯艺术 68

比凡尔赛宫更美：

18世纪的俄罗斯建筑 70

不分年龄的游戏 72

玩物和潘克：18世纪的儿童玩具 74

怎样才能在舞会上避免出丑：

彼得大帝时代上流社会的生活 76

烟花：彼得大帝时代的节日 78

彼得大帝时代之后 80

书中所用插图 82

时间长河

10—21世纪俄罗斯历史大观

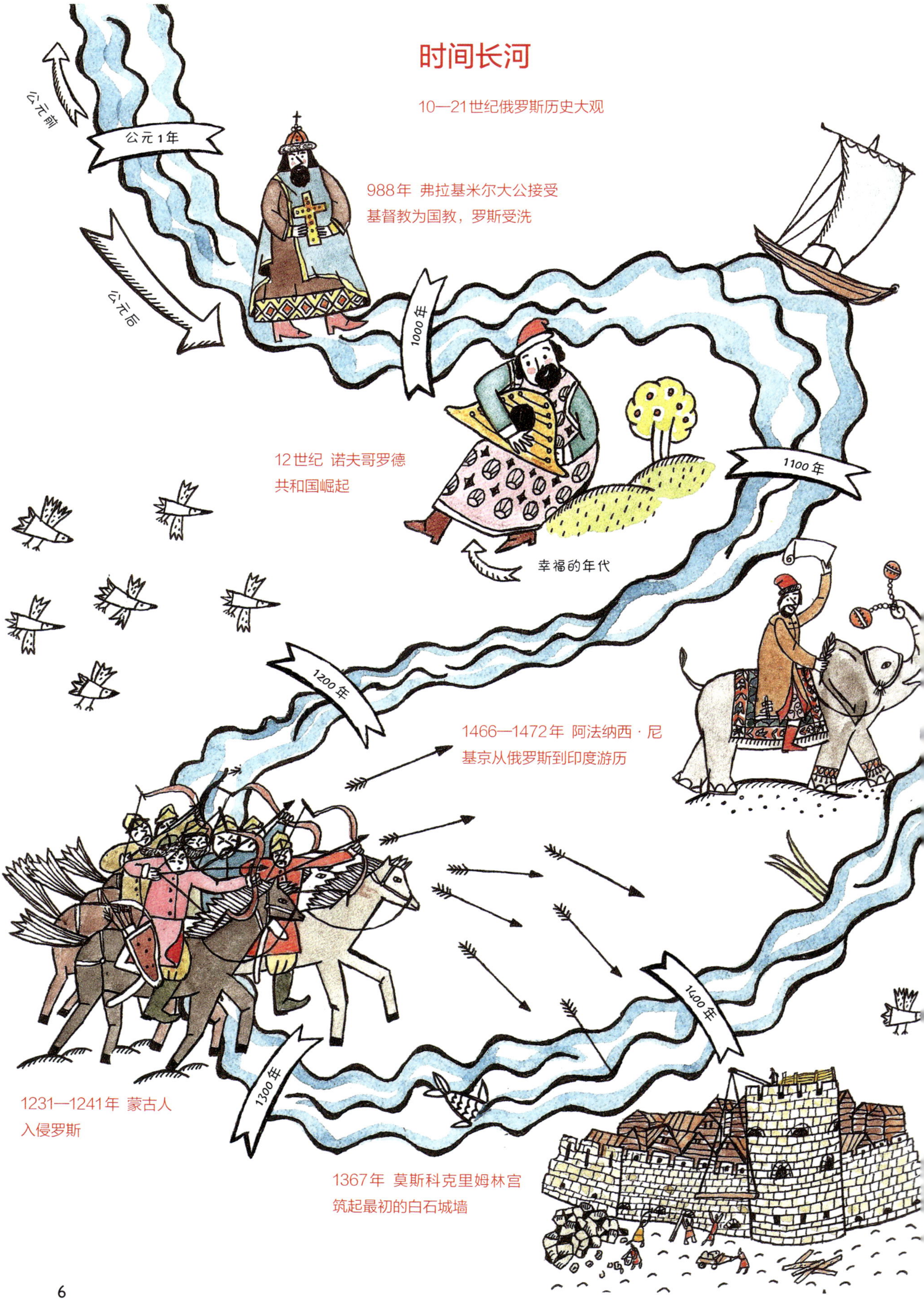

988年 弗拉基米尔大公接受基督教为国教，罗斯受洗

12世纪 诺夫哥罗德共和国崛起

1231—1241年 蒙古人入侵罗斯

1367年 莫斯科克里姆林宫筑起最初的白石城墙

1466—1472年 阿法纳西·尼基京从俄罗斯到印度游历

1598—1613年 俄罗斯
历史上的“混乱时期”
瑞典人
波兰人
俄罗斯
1600年
彼得大帝时代
彼得一世
1700年
1500年
1812年 卫国战争
保卫
祖国！
库图佐夫
1800年
拿破仑
1895年 A.C.波波夫发明
无线电接收机
1961年 尤里·加加林
完成了人类历史上首次
太空旅行
1900年
我们的时代
2000年
1980年代 互联网诞生

寒冷的17世纪

17世纪的时候可真冷啊！这时候地球正经历着“小冰河期”，冬天所有的江河溪流都结了一层厚厚的冰！你最好戴上手套、帽子和围巾——我们要去欧洲和俄罗斯转转，看看400年前的它们是什么样。总有一些值得看的！

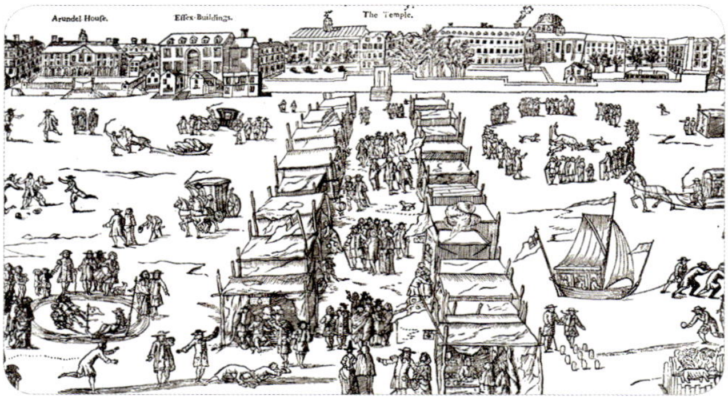

你也许好奇，为什么我们要去17世纪呢？因为彼得大帝时代正是从17世纪末开始的，而这个时代正是本书要讲述的内容。不过，我们先要去看看彼得大帝时代之前的世界。

1683年，英国，冰封的泰晤士河。这种情况我们今天已经见不到了。

这里是英国。17世纪的时候英国还不是一个强大的帝国。1640年，英国爆发了革命，1649年，英国国王查理一世被推翻并被送上断头台，1660年，查理一世的儿子查理二世复辟成为国王。在没有爆发流血冲突的光荣革命之后，1689年，英国颁布《权利法案》，以法律的形式限制君主的权力，确立了君主立宪制。

17世纪欧洲地图。

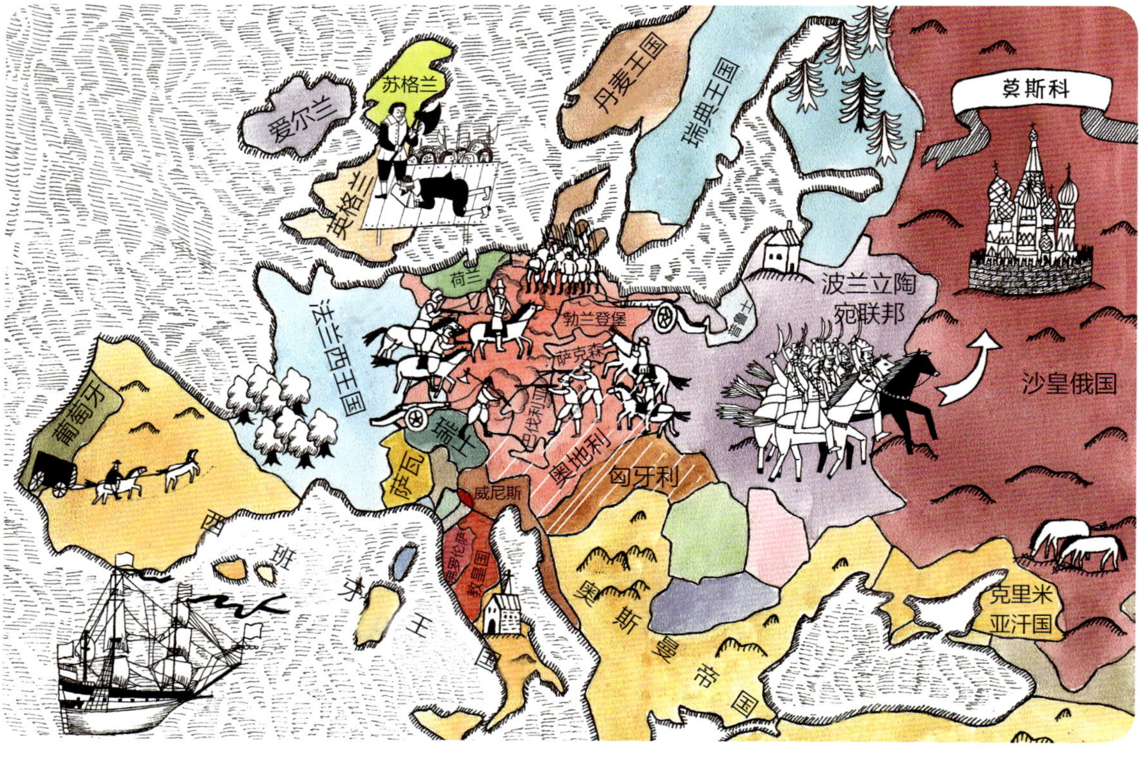

我们继续旅行。注意，一定不要踏进战争最激烈的地方！1618至1648年欧洲爆发了各主要国家纷纷卷入的“三十年战争”。战争的一方是新教国家联合信仰天主教的法国，另一方则是神圣罗马帝国中，以哈布斯堡王朝为首的日耳曼民族天主教诸侯联盟。神圣罗马帝国是一个包括了两百多个邦国的庞大帝国，其中有日耳曼诸侯国和非日耳曼国家——捷克、斯洛伐克等。

新教徒、天主教徒和东正教徒都属于基督徒。1054年之前，基督教是一个统一的宗教，在这之后分裂成东方的东正教和西方的天主教。那新教徒又是指哪些人呢？从“新教徒”（protestant）这个词的词源上可以看出，新教徒就是指抗议者、反对派。由于天主教教士经常违反福音经诫，他们的行为经常被人诟病。16世纪时对天主教教会不满的人越来越多。1517年，德国传教士马丁·路德在德国发起了宗教改革运动。他获得了许多人的支持。这些人被称为“新教徒”。

德国大地因为“三十年战争”而满目疮痍。许多城市化为废墟。

新教联盟和天主教法国取得了“三十年战争”的胜利。但是直到今天，在一些欧洲国家中天主教徒仍然占多数，比如意大利和西班牙，在另一些国家中则新教徒占多数，比如荷兰和斯堪的纳维亚各国。

现在我们回到17世纪的俄罗斯。17世纪初，俄罗斯因为王位争夺而陷入了一场可怕的危机，这段时期在历史上被称为混乱时期。在此期间，瑞典人、波兰人等外国侵略者相继入侵俄罗斯领土：瑞典人占领了诺夫哥罗德，波兰国王之子被宣布为俄罗斯沙皇，同时波兰军队开进了莫斯科。在这种情况下，所有俄罗斯人都应当团结起来共同阻击侵略者。那当时发生了什么呢？起义者在下诺夫哥罗德市民库兹马·米宁和德米特里·波扎尔斯基公爵的领导下，把波兰人赶出了莫斯科。

沙皇米哈伊尔·费多罗维奇·罗曼诺夫。

把侵略者赶出国门后，有一个问题急需解决：谁来统治国家？1613年，在全俄缙绅会议上，来自古老贵族世家的十六岁的米哈伊尔·罗曼诺夫被选举为沙皇。

全俄缙绅会议是指为了解决国家大事而召开的全俄罗斯各阶层代表（农奴阶层除外）参加的会议。

西方化政策：彼得一世之父

现在你知道了俄罗斯历史上的混乱时期是怎么结束的，新时代又是怎么到来的。然而，在全俄缙绅会议上，人们只是选举米哈伊尔·罗曼诺夫为沙皇，并没有说要建立罗曼诺夫王朝！米哈伊尔的儿子阿列克谢·米哈伊洛维奇当政以后渐渐停止召开全俄缙绅会议，拒绝会议讨论政务以及确立继承人等问题。正是从阿列克谢·米哈伊洛维奇开始，俄罗斯正式确立了罗曼诺夫王朝的统治。

迎接沙皇米哈伊尔·罗曼诺夫和皇太后玛尔法·伊凡诺夫娜。

王朝是指统治者采取世袭制度，通过传位于直系子孙使王位得以延续（通常是父传子、子传孙）。罗曼诺夫王朝之前统治俄罗斯的是留里克王朝，其最后一位君主是伊凡雷帝之子费多尔·伊凡诺维奇。他也是米哈伊尔·罗曼诺夫的表叔。由此看来，罗曼诺夫家族登上俄罗斯王位并非偶然。

沙皇阿列克谢·米哈伊洛维奇。

为什么17世纪时俄罗斯的货币被称为“鱼鳞币”？请阅读第62页。

阿列克谢·米哈伊洛维奇于1645至1676年间在位。在他统治期间发生过两次起义：盐商暴动和铜币暴动。盐商暴动的原因是沙皇政府对食盐课以重税，使得食盐价格上涨两倍。想象一下，如果人们买不起食盐，那该怎么生活呀！而且在17世纪的时候人们还需要用盐来储存食物，因此民众对政府的行为无比愤怒，直到沙皇阿列克谢下令把盐税恢复到原来的水平才得以平息众怒。铜币暴动的爆发是由于国家发行铜币，并用铜币支付工资，收税的时候却要收银币。铜币暴动发生的次年，沙皇下令停止发行铜币。

盐商暴动发生后，为了避免发生新的人民起义，在1649年召开的全俄缙绅会议上通过了新的法典《国民会议法典》。这是一部俄罗斯国家法律法规的汇编，其中规定参加反对沙皇的起义要被叛死刑，同时该法典最终确立了农奴制，规定了农民永远依附于地主阶级。那你认为，这部法典能有效解决人民起义的问题吗？

阿列克谢·米哈伊洛维奇非常关注国际问题。他在位期间，许多医生、音乐家、珠宝匠从欧洲其他地区来到俄罗斯，而且还创建了一些仿照欧洲军队装备和训练的兵团。在他统治期间，俄罗斯还发行了第一份手抄报纸《自鸣钟》，这份报纸主要刊载国外发生的事件。但是沙皇及其近臣并不会亲自阅读报纸，他们都是听别人给他们读《自鸣钟》。

阿列克谢·米哈伊洛维奇死后，他的儿子费多尔登基。费多尔于1676至1682年在位。他受到了良好的教育，但自幼体弱多病。在其短短六年的统治期间，费多尔取消了门阀制，即按贵族门第而不是按照功劳委任官职的制度。

外来人口居住在莫斯科郊区的德国村。现在这个地区叫作莱福特沃。在当时“德国人”不只包括日耳曼人，还包括所有不说俄语的外国人。

17世纪末的德国村。

王座的秘密：伊凡和彼得同时登基

玛利娅·伊里尼奇娜·米洛斯拉夫斯卡娅：沙皇阿列克谢·米哈伊洛维奇的第一任皇后。

阿列克谢·米哈伊洛维奇有一个大家庭。他的第一任皇后是玛利娅·伊里尼奇娜·米洛斯拉夫斯卡娅。她为沙皇生了十三个孩子。但奇怪的是，这些孩子中女孩们个个结实健康，男孩们却都体弱多病，五个男孩中有三个都在幼年时夭折了。

你也许会问，沙皇怎么有那么多孩子呢？先别震惊，在当时的俄罗斯这是一件很平常的事儿！如果你想知道，生活在那个时代你会有多少个兄弟姐妹，请阅读第25页。

米洛斯拉夫斯基家族因为“裙带关系”而加官晋爵。“裙带关系”是指借助妻女姐妹等女性亲属的婚姻关系而获得权力与利益。

娜塔莉娅·基里洛夫娜·纳雷什金娜：沙皇阿列克谢·米哈伊洛维奇的第二任皇后。

阿列克谢·米哈伊洛维奇的第一任皇后去世后，他又迎娶了自己的第二任皇后娜塔莉娅·基里洛夫娜·纳雷什金娜。她为沙皇生了两个女儿和一个儿子——彼得。

小彼得健康强壮，他很早就学会了走路和说话，也很少生病，这让他的父亲非常开心。但是彼得年仅四岁的时候，阿列克谢·米哈伊洛维奇就去世了。正如你所知道的，他的第一任皇后玛利娅·伊里尼奇娜所生的儿子费多尔继位成了新沙皇。

娜塔莉娅·基里洛夫娜作为继母不受新沙皇的欢迎，她和彼得离开了莫斯科。他们住过不少皇家村庄，也住过阿列克谢·米哈伊洛维奇留下的科洛姆纳宫。

1682年，沙皇费多尔逝世。十六岁的伊凡是名正言顺的继承人，但一些大贵族和东正教牧首却宣布十岁的彼得为新的沙皇。

“世界第八大奇迹”科洛姆纳宫。直到今天它仍旧矗立在那里，等着你亲眼观赏。

没有姐姐索菲娅公主，伊凡是不可能登上皇位的！为了阻止彼得即位，索菲娅争取了一些大贵族和射击军的支持。射击军中因为迟迟不发军饷而蔓延着不满情绪，以至于1682年5月在莫斯科爆发了起义。

射击军是一个步军兵种。早期的射击军士兵主要是从小市民和农村人口中招募，是临时服役，但是后来逐渐演变为终身制和世袭制。

射击军起义后，伊凡五世和彼得一世兄弟俩同时登上沙皇的宝座。伊凡五世是“大沙皇”，而彼得是“小沙皇”。如索菲娅公主所愿，实际上的权力落入了她的手中。在两位沙皇都未成年的情况下，索菲娅成了摄政王，即临时代替君主处理国政的人。

当外国使者访问莫斯科时，彼得就从居住的皇家村庄赶到莫斯科，和伊凡五世一起坐在宝座上接见使臣。为此，工匠们专门制作了一个双王宝座，其背部有一个孔，藏在宝座后面的索菲娅公主通过这个孔悄悄提示彼得，应该怎样应对这些外国使臣。彼得的得体应对让这些使臣感到十分惊异。

彼得的老师尼基塔·佐托夫几乎没有教过他什么，因此彼得是通过自学获取知识的。他从商人、小手工业者和驻扎在德国村的军官那里学习知识和技能。彼得成立了两个童子军团：谢苗诺夫斯基兵团和普列奥布拉仁斯基兵团。这是两个真正的军团，既有军官，也有士兵。之所以称为“童子军团”，是因为它们是为了陪年幼的沙皇做军事游戏而成立的。

彼得和他的亲卫乘坐小艇。

小彼得在伊兹麦洛夫斯基村找到了一艘小艇，这是外国使臣送给其父阿列克谢·米哈伊洛维奇的一艘小帆船。正是这艘小艇激发了彼得对军舰的爱好和建立真正的海上舰队的愿望。

从克里姆林宫到修道院：索菲娅公主的摄政生涯

索菲娅·阿列克谢耶夫娜。

索菲娅公主1682年5月在“米洛斯拉夫斯基党”的支持下掌握了政权。当时她年仅二十五岁。在当今时代，女性当选国家元首一点都不稀奇，但是在17世纪的俄罗斯，女性当政却非同寻常！

在17世纪，俄罗斯沙皇的女儿们甚至不能嫁人，她们只能被送入修道院里！不去修道院？可以，但是先别忙着高兴。即使不去修道院，你的生活也好不到哪儿去！你只能整日呆坐在家，不能出门。

沙皇的女儿是不能参加宴会的。她们只能通过墙上一个特制的小窗口观看别人饮宴。宫廷戏剧同样也只能以这样的方式来观看。而在同时代的欧洲，公主们甚至有权继承王位。

阿列克谢·米哈伊洛维奇对欧洲出现的新事物非常感兴趣，正是他推动俄罗斯走上了西方化的道路。

索菲娅和她的宠臣瓦西里·瓦西里耶维奇·戈利岑则延续了这一政策。索菲娅公主1687年创办了俄罗斯第一所高校斯拉夫—希腊—拉丁学院。这所学院曾经培养了俄罗斯著名学者米哈伊尔·瓦西里耶维奇·罗蒙诺索夫。

乌戈尔金币。这种金币是为了纪念克里米亚远征而发行的。金币反面刻着伊凡五世和彼得一世的肖像，而正面却刻着索菲娅公主的肖像。

在1687年和1689年，戈利岑两次率领俄军远征当时隶属于奥斯曼帝国的克里米亚地区。当时的奥斯曼帝国就是如今的土耳其。几近一半的俄国士兵在这两次远征中丧生，但他们不是死在战场上，而是死于炎热、传染病、变质的食物或缺水。这两次远征俄军都无功而返。这种失败加剧了米洛斯拉夫斯基阵营和纳雷什金阵营的政权争夺战，这进一步导致了索菲娅公主越来越不妙的前途。

几年时间过去，无论是“大沙皇”还是“小沙皇”，都长大成人了，但是索菲娅公主并不准备归政于他们。这激怒了彼得的支持者。

你也许知道，在我们这个时代十八岁就表示成年了，但是在当时的俄罗斯男性成年的标志是结婚！伊凡五世早就结婚了，而彼得也在1689年他十七岁时举行了婚礼。

米洛斯拉夫斯基阵营的许多人都建议索菲娅除掉彼得。尽管戈利岑劝阻了公主，但在莫斯科，关于公主计划袭击“小沙皇”的传言却甚嚣尘上。1689年8月8日，一名信使给普列奥布拉仁斯基村送来了一个消息：射击军正在冲向彼得的居住地！惊恐之下的彼得躲到了谢尔盖三圣大修道院。尽管起义的消息是假的，但是索菲娅和彼得之间的矛盾再也无法调和了，只能以一方的胜利来终结。

索菲娅认为，最好能同自己的弟弟达成和解，为此她派东正教大牧首去谢尔盖三圣大修道院谈判。但大牧首却背弃公主转向了彼得一方！

彼得及其支持者推翻了公主的统治并将她幽禁在新圣女修道院。1698年在第二次射击军起义后，索菲娅公主被迫以苏珊娜的名字剃度，正式出家做了修女。

剃度出家并不是简简单单剃完头发就行的。这是一个象征性的仪式，表明同从前的、世俗的生活做一个了断。不仅要给预备修士或修女剪掉一绺绺的头发，还要给他（她）一个新的名字。

英国房子里的大洗劫：大使团的欧洲之旅

夺回政权后，彼得继续“胡闹”：操练他的“童子军团”，在佩列亚斯拉夫湖上造船等。他把国事交给纳雷什金党处理。这种情况一直持续到1695年。

1695年和1696年，经过两次远征，俄罗斯从奥斯曼帝国手中夺取了亚速要塞。为了解决黑海问题，结成反奥斯曼同盟，彼得派出了庞大的外交使团出访西欧。

莫斯科的外国使馆，外国使节来访时在此居住。

1697年初，俄罗斯同奥地利和威尼斯共和国签订条约，缔结了为期三年的反土军事同盟。威尼斯当时不只是一个城市，它还是一个独立的国家。但这次出访并没有达到理想的效果，当时的欧洲正忙于筹备另一场战争。因此俄罗斯不得不和土耳其人进行了和谈。

使团中有三位正使：戈洛文、莱福特和沃兹尼岑。因为此次使团的规格非常高，该使团被称为“大使团”。整个使团多达250人，包括外交官、翻译、神父、医生，甚至还有侏儒小丑！此外，整个使团动用了上千架雪橇！

如果你想了解俄军远征亚速的详情，请阅读本书第46—47页。

彼得一世选择匿名出访，他向所有人隐瞒了自己的身份，化名彼得·米哈伊洛夫随大使团访问欧洲。但是在荷兰时他被人认出来了，因为他威严的气质和鲜明的个人特征（面部痉挛）出卖了他身为俄国沙皇的秘密。

尽管俄罗斯使团因其高规格被称为“大使团”，使团成员们的行为举止却与他们的身份差了十万八千里！在英国的时候，大使团租下了一栋漂亮的房子，当他们走后房主发现自己的房子仿佛被洗劫了：窗户被拆下来了，地板被撬开了，艺术大师们的画像看起来像是当了一回射击的靶子！

沙皇及其近臣是
怎么消遣娱乐的?
请阅读第79页。

许多年轻贵族自愿追随彼得出访欧洲。他们曾经在欧洲各国学习过军事、造船，并且懂得数门外语。

当彼得回国时，许多人都不敢相信这是沙皇本人。欧洲人的外表和粗俗的行为举止，这样的人怎么会是俄罗斯沙皇！人们断言：“这不是沙皇，是哪个德国人假扮的。而真正的彼得·阿列克谢耶维奇被德国人绑架，塞进木桶里然后扔到海里去了！”

从欧洲回国后彼得就制订了各种各样的庞大计划。欧洲各国石头建的城市、运河、军队和舰船、时尚和艺术，所有这些都使这位俄罗斯皇帝为之倾倒。为了使俄罗斯成为一个真正强大的、文明的欧洲强国，他计划在俄罗斯推行改革。这次改革是史无前例的，它涵盖了服装打扮、生活习惯、教育与军队等政治经济社会生活的各个方面——彼得决定一切都从头开始！

知道自己的身份地位：18世纪的阶层

和在此之前的数个世纪一样，在18世纪的俄罗斯，所有人都被划分为不同的阶层。你的阶层决定了你应当做什么、可以做什么以及绝对不能做什么。你所属的阶层也是你的父亲、祖父和曾祖父所属的阶层。

阶层可以划分为纳税阶层和官宦阶层。纳税阶层包括农民、手工业者和商人。他们之所以成为“纳税阶层”，是因为他们需要向国家缴纳赋税和承担徭役。而官宦阶层则包括贵族、官员和士兵。

其中，农民又分为国有农民和农奴。这两者的区别在于，农奴世代生活在地主的土地上，在地主的土地上劳作，而国有农民则在国有土地上生活和劳作。

如果你是一个农奴，那么你是没有人身自由的，你甚至会被农奴主随意买卖。农奴是地主的私有财产。地主有权处罚犯了错的农奴，但是不能将其处死。彼得大帝统治时期，为了保证新兴的工场手工业有充足的劳动力，政府把许多村庄的农民都划归手工业工场。这些农民必须在手工业工场里免费做工，他们被称为“附属农”。

贵族被认为是“高贵的阶层”，他们在国家事务管理中掌握着很大的话语权。如果你出生在一个贵族之家，那么你的家庭会拥有很多特权，比如拥有封地和农奴。你的家庭和沙皇的关系越近，你的社会地位就越高，财富也就越多。但是贵族不仅享受权利，还要承担责任！他们要在军队、宫廷或国家机关担任国家公职，终身服役。

许多贵族不愿意履行自己的责任。1714年，彼得一世颁布了“一子继承法”，规定贵族的土地、庄园和农奴只能由一个儿子继承。其余的儿子由于不能继承家族产业，只能通过去军中服役或当公务员来维持生计。

从彼得大帝时代开始，每一位贵族都必须学会读书、写字，懂得基础数学。彼得一世甚至禁止文盲结婚！

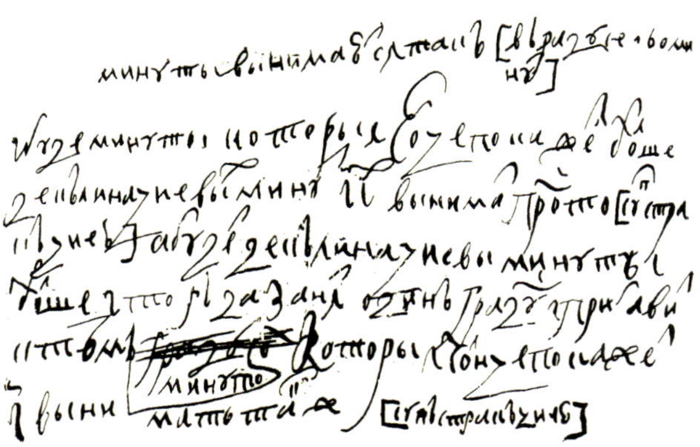

年幼时期的彼得也要学习读写。这是未来沙皇的作业本上的一页。

神职人员是为教会服务的一个特殊的阶层。神职人员包括僧侣和神父。在1700年以前，俄罗斯东正教会的最高首脑是大牧首。

你记不记得我们前面讲过，士兵也属于官宦阶层？想知道17世纪俄罗斯有哪些人会去当兵，请阅读第39页。

怎样加官晋爵

如果你生活在18世纪，你们家会做什么，靠什么来生活？你的职业种类将取决于你所属的阶层，并且这份职业是一个家族世代相传的：父亲传给儿子、儿子传给孙子……

如果你出身于一个木匠家庭，那么你长大后很有可能也会成为一名木匠。如果你的父亲从事其他手工业，比如他是个制陶师傅、铁匠或锅炉匠，那他会在你很小的时候就开始向你传授他的手艺。商人家庭里出商人：商人们会做生意，他们会跑到全国各地去买卖商品。而如果你的父亲是神父，那么你将来也会成为一名神父！

女性无论出身于哪个阶层，都没有职业。从彼得大帝时代开始，贵族小姐们需要在家里学习识字、女红、音乐和舞蹈。那么18世纪初期底层阶级的女孩和妇女要做什么呢？请阅读第26—27页。

当然，你所属的阶层地位越高，你的职业选择也就越广泛。贵族青年长大后可以去军队任职，也可以做公务员或去宫廷服务。他们必须去任职。也有一些贵族会在自己的庄园里建立手工业工场，生产布匹、武器或其他商品。管理这些工场的通常是管家，而管家也可以由农奴担任。

但是大部分工场手工业是属于国家或商人的。彼得大帝时代的许多商人和手工业工场主是被沙皇提拔的精明强干的普通人。

想知道这是谁吗？请翻到本书第33页。

甚至走街串巷的小商贩也可以获得很高成就。有这么一个人，据说他年轻时原本是卖馅饼的，后来却成了彼得一世最信任的宠臣之一。

但是大部分普通人是无法改变自己所属的阶层的。在那个年代，这才是公平、正确的。但是，进入国家机关或军队系统任职的普通人的确也有进一步的机会，因为彼得一世尊重而且支持那些努力学习、力争上游的人。

在国家系统任职包括三种类型：担任军职、做公务员或者在宫廷任职。1722年颁布的《官秩表》把这三个平行的官职体系中的所有职位划分为相应的14个等级。军职中的最高等级是陆军元帅和海军元帅，在国家机关中最高等级则是一等文官。

如果你是普通人，被召入军队，那么只要你晋升为第14等军官，即《官秩表》中最低等级的军职，你就可以获得贵族身份，并且把这种贵族地位传给你的子孙后代。这一级的武官被称为“准尉”。而在国家机关中升职则要复杂得多：升到第14等文官只能被授予个人终身贵族的身份，要想获得世袭贵族的身份则必须升到第8等文官。请看下表中都怎么称呼这些官职。

当然也有其他升官发财的渠道，比如某一天你被沙皇关注，你的学识和能力给他留下了深刻的印象，那么你的机会也就来了。

关于底层阶级的人如何获取知识、在哪儿学习，请阅读第64页。

《官秩表》

等级	陆军军职	海军军职	宫廷职务	文官职务	敬称
1	陆军元帅	海军元帅	无	大臣、一等特级秘密参议	尊敬的阁下
2	陆军上将	海军上将	御前大总管	特级秘密参议	
3	陆军中将	海军中将	御马监总管	秘密参议	阁下
4	陆军少将	海军少将	御前统领、皇室侍从统领	特级文职参议	
5	陆军准将	海军准将	酒库总管、马厩总管、皇后宫侍从统领、侍从长、御前机要秘书、典礼官总管	文职参议	长官
6	陆军上校	海军上校	首席猎人、高级宫廷侍从、侍仆总管、马厩管家、首席御医	委员会参议	长官
7	陆军中校	海军中校	皇后宫侍从、御医、典礼官	宫廷参议	
8	陆军少校	海军少校	荣誉统领、荣誉御马监、各宫后勤总管	委员会顾问	
9	陆军准校	海军大尉	各宫猎人、典礼官、贵族侍卫官、御厨	荣誉参议	大人
10	陆军大尉	海军中尉	无	委员会秘书	
11	无	海军秘书	无	海军秘书	
12	陆军中尉	海军少尉	侍卫官、医生	总督秘书	
13	陆军少尉	海军准尉（1758—1764年）	无	省秘书	
14	陆军准尉	无	库管、厨师、侍仆	委员会登记员	

瓷砖镶面的火炉：贵族之家

彼得一世梦想有朝一日所有的俄国城市都像欧洲那些国家的首都一样美丽。他下令建造新式房子——石头造的、宽敞的、多层的、有着大大的窗户和高高的天花板的房子。于是在圣彼得堡出现了许多这种漂亮的房子，但大部分俄罗斯人的房屋还是木头建造的。

权贵们的新式房屋从内到外都发生了改变。

即使你出身于一个贵族家庭，也不要以为自己就一定能够住在那种宽敞明亮的石头房子里，要知道那种房子可是属于那些大贵族的。

那个时代是没有电灯的！人们用蜡烛或油灯来照明。如果用蜡烛照明的话，需要点上几十根蜡烛才能让室内充满光明。油灯则是在一个特制的容器内灌上油，把灯芯的一端插进去，另一端点燃。油随着灯芯慢慢燃烧而释放光明。

早在17世纪时，人们就开始为了取暖而在房间里砌上高高的荷兰式壁炉。这种壁炉表面贴着瓷砖，瓷砖上通常都饰有各种植物、动物、风景以及人物的花纹。

油灯。

在彼得大帝时代，人们会在房子里的地板上铺瓷砖，在墙面则贴上墙纸或压花皮革。

17世纪的瓷砖。

17世纪时，人们还是在长椅或大箱子上坐卧起居的。屋里的东西不多，都存放在那些大箱子里。而到了彼得大帝时代，城市里家家户户都已经有了椅子、床和衣柜。

如果你出身于权贵家庭，那你每天都能在自家的桌子上看到盘子、玻璃杯、餐叉、桌布和餐巾。在今天这些东西很常见，但在彼得大帝之前的时代它们都是稀罕物。

每天早上起床后你要做什么？当然是去卫生间洗漱了。但在18世纪的时候房子里既没有浴室，也没有厕所！人们会在房子里放盛洗脸水的水罐和解手用的夜壶。权贵之家的夜壶甚至可能是瓷的或银的。但是如果你想好好洗个澡，那就必须去澡堂了。

牛膀胱做的窗户：农民的木屋

新的潮流是席卷不到农村的。农民们还是和以前一样住在木屋里。这种木屋通常很小，大约也就相当于我们今天公寓里的中等房间大小。富裕些的农民有余力可以建造略大一些的木屋，这种木屋有五面墙，可以隔成两个房间。

在农民的木屋里，炉子几乎占了一半的空间。用这种炉子生火取暖的时候，产生的烟不是通过烟囱排出去，而是通过房顶一个小小的出烟孔排出去。因此在这种靠无烟囱炉灶取暖的房舍里，墙的上半截总是被熏得黑乎乎的。

在进门处靠右边的红色角落里供着圣像画。来客进门后要先画十字、弯腰鞠躬，然后再和主人打招呼。

你几点就要从暖和的被窝里爬起来？
答案就在第26页。

炉子是整个房子里最温暖的地方。如果你生活在彼得大帝时代的农村，那你也许会被安置在壁炉上面睡觉！那个地方是由木板搭建的类似阁楼的高床，下方是壁炉，旁边是墙，头顶是天花板，非常暖和。但是这个地方睡不下所有人，其他的人只能睡在长凳上。而家里最小的孩子则睡在摇篮里，摇篮通过一个钩子挂在房梁上或挂在一个特制的架子上。

挂在架子上的摇篮。

农民吃什么，
而贵族又吃什么？
要想知道答案，
请阅读第28—29页。

松明架。

穷人家里用松明来照明。松明是一种薄薄的夹在铁架子上的木片。为了防止松明灰落到地板上，松明架下面会放个水盆。

木屋的屋顶是用干草或木板搭建的。窗户则是将半透明的牛膀胱拉紧绑在窗框上或者安上木制百叶窗。因此，如果你生活在这个时代的农民木屋里，那你基本上无法透过窗户观看外面的景色！

冬天的时候，家里养的鸡、牛犊子、山羊还有绵羊，都和人一块住在木屋里。那个年代的猫也不能像我们现在在城市里养的那些宠物猫一样白吃白喝，它们有非常重要的任务——抓老鼠，否则老鼠就会吃存储的粮食。最不幸的就是狗了，它们一年四季都得睡在木屋旁边自己的窝里。

关于农村儿童玩的游戏，请阅读第72页。

自由婚姻？彼得大帝时代的家庭

如果你是个男孩，那么你很可能十五岁的时候就要被迫娶妻了；如果你是女孩，那你十二岁的时候就要嫁人。是不是早了点？彼得一世也不喜欢这种习俗。1714年，他颁布命令，要求姑娘们晚点嫁人，她们甚至可以等到十七岁再出嫁。

彼得大帝时代结婚、生子都要在当地教堂的神职人员处登记，而不是像今天一样要到民政局的户籍登记处登记。为了防止“骗婚”或重婚，婚礼只能在新人所在的教区举行。教区是指农村或城市里归属某一教堂管辖的教务行政区。

父母可以安排子女结婚，而不必征得他们的同意。想象一下，当你长大了，正在考虑组建一个家庭，然后突然发现，你的父母不但给你定下了婚礼，连你的新郎或新娘都定下来了！1724年，彼得一世下诏禁止强迫婚姻。但是这种“父母之命”的陋俗仍然延续了相当长的时间。

那时候，夫妻两人第一次见面就是在婚礼上，这种情况时有发生。根据彼得一世的新命令，未婚夫妻必须结识六周、更好地了解彼此之后，才能举办婚礼。

在俄语中婚礼和加冕礼是同一个词，因为在婚礼上，新郎、新娘和国王加冕礼时一样会头戴冠冕。

和以前一样，18世纪的人们通常会选择门当户对的结婚对象。如果你是一个贵族青年，爱上了一个商人的女儿，那么你的亲人是不会满意这门婚事的。但是彼得一世本人选择了出身寒微的瑞典女俘虏玛尔法·斯卡福隆斯卡娅作为自己的第二任妻子。你可能听说过这位皇后，她就是后来登基成为沙皇的叶卡捷琳娜一世！

你在家里有属于自己的房间吗？如果有，那你是幸运的！彼得大帝时代几乎没有一个孩子能有自己单独的卧室。

彼得一世的第一任皇后发生了什么事？请阅读第35页。

如果你生活在18世纪初，你知道自己会有多少个兄弟姐妹吗？五个，十个，甚至是十五个！但是孩子们经常生病，甚至在幼年时夭折。

阿列克谢·米哈伊洛维奇非常喜欢小彼得，对他十分宠爱。

关于未来的沙皇有哪些玩具，请阅读第75页。

如果你出身于18世纪一个不富裕的家庭，那你可能不仅要和爸爸妈妈住在一个房子里，还要和爷爷奶奶、叔叔婶婶，以及所有穷苦的亲戚住在一起。那时候的家庭通常是一个大家庭。所有亲人住在一起更便于生产经营，也更便于教导孩子。

你又捣蛋了？那就准备吃一顿“竹笋炒肉”吧！法律禁止父母残害儿童，但他们可以因为你不听话而把你关几个月。这可不是罚你一天不玩电脑的事！

从五岁起你就要帮父母干活了。有意思的是，他们可能只是要求你在他们看书时帮着翻翻页。

18世纪时父母与子女的关系不像现在这样亲密。父母很少亲吻、拥抱孩子。相反，他们还经常惩罚孩子。最主要的是，父母要求孩子们绝对服从自己。

辛苦的童年

那时欧洲人有一整套关于襁褓的理论。他们认为，裹紧婴儿是有益的，有助于孩子将来拥有一个完美的体型，并且养成昂首挺胸的走路姿态。

想不想知道，如果出身于18世纪初的农民家庭，你会怎样度过你的童年时光呢？要知道你的父母总有干不完的活，因此负责照顾你的是你的哥哥姐姐。

当你还是个小婴儿时，为了防止你在大人难以顾及的时候从摇篮里滚出来，大人们会用襁褓紧紧包住你，然后把你放进摇篮里。这样你的姐姐可以一边坐着纺线，一边用腿拉着绑在摇篮上的绳子来晃动摇篮里的你。

你的孩提时代在你大约五岁的时候就结束了，之后就开始了漫长的成年时光。五岁的时候你就得开始帮父母干活了。“那怎么学习呢？”你问道。事实上你在干活的过程中就学到了以后生活中所必需的技能。读书认字并不是必要的，因此只有极少数农民识字。

这么早啊，才五点就要起床了！男孩们要跟着父亲去田里工作，女孩们要留在家里做家务：收拾房子、照看年幼的弟妹、纺线。而如果你的父母是“附属农”或“工场农奴”，那么你也必须像父辈那样在工场里做工！当今时代许多国家禁止雇用童工，但是在18世纪，如果工场主能在星期日让你和你的家人去教堂做礼拜，你就该谢天谢地了。

农民家庭里没有人会无事闲坐着。

贵族儿童的生活取决于他们家庭的社会地位。你的父亲是一个只有几户农奴的小地主，和你的父亲是沙皇近臣，这是完全不同的两码事！但无论哪种情况，作为一个贵族儿童，你从幼年时就会被你的女性亲属和保姆等一堆女人包围着，她们照顾你、关心你、教导你。

如果你的父亲是一个权贵能臣，那么按照欧洲人的习惯，他会为你请一位家庭教师，你将跟着你的家庭教师学习读写、算术，可能还要学习历史和外语。此外，你还要学习骑马、射击。但是，即使你的家庭没有引以为傲的社会地位，你也逃不了各种功课：教堂的神父、执事或者你的亲戚会教导你算术和读写，而格斗术可能会由你的父亲亲自教导。女孩们则首先要学习女红、舞蹈以及练习美好的仪态。

为了让小孩子尽快学会走路，欧洲人发明了学步车。学步车能防止孩子们走路时跌倒。

你认为这是一个小女孩吗？事实上，这是蒙旁西埃公爵路易·菲利普·约瑟夫。这时候的小男孩也是穿裙子的，这个传统曾经延续了数百年。而农民家的男孩在七岁之前是只穿长衫不穿裤子的。

总之你不会有很多时间去花园散步或者做游戏。但是你偶尔也可以和自己的兄弟姐妹还有仆人家的孩子一起玩耍。仆人通常都是住在主人家的农奴。

你们会玩什么游戏呢？请阅读第72页。

在彼得大帝时代没有专门的童装。大人们穿什么，孩子们就穿什么，只不过是小号的！有时候孩子们穿的衣服就是用大人的衣服简单改小而已。

用作甜点的腌黄瓜：18世纪的食物

你喜欢比萨和马卡龙吗？或许，你更中意罗宋汤和炸肉排？无论如何，我们今天可选择的食物都是彼得大帝时代没法比的！当时，即使是贵族，主要吃的也是由农奴厨师烹制的传统的俄式食物。只有极少数人家聘请了外国厨师。

俄语中的“厨房”这个词来源于德语，它正是在彼得大帝时被引入俄语的。在此之前，俄罗斯人只是简单地用“厨师的地盘”来表示厨房的意思。

那时候的俄罗斯，无论在宫廷里还是在农民的小木屋里，都有一个用来烤面包的俄式炉子。直到彼得大帝时代才出现了带开放式灶台和烤箱的荷兰式炉子。从此人们做饭就更方便了。但在做饭时，整个厨房都烟熏火燎的。为了避免这种情况，人们又发明了排烟罩。烟通过排烟罩顶部的孔排到室外。

可以放进俄式炉子里的铁罐、铁锅被新式的炊具所取代，而筛子则让位于漏勺和分离器。当时在俄罗斯甚至还出现了原始的绞肉机！

为什么彼得大帝时代的俄语中出现了那么多的外来词汇？请阅读第66页。

如果你是农民家的小孩，那你必须严格遵守作息时间。清晨五六点钟，太阳刚刚升起的时候吃早餐。早餐比较丰盛，有面包、白菜汤和粥等，这是为了在接下来的一天里有足够的力气干活。早餐的时候你还可以喝牛奶、果子羹或者茶。午饭吃得也早——大概在十点到十二点之间，有白菜汤或土豆汤、面包、粥、蔬菜和板油。下午茶的时候人们会喝些牛奶或茶，配上小馅饼，而晚饭则安排在太阳下山的时候，主要吃午饭剩下的食物。

看图中，右边这个排烟罩是不是看起来很像现代的抽油烟机？只不过我们现在家里厨房用的抽油烟机用不着在房顶上开个小洞来排烟。

贵族的早餐一般会吃德式三明治、荷式或法式奶酪、鱼以及火腿。午餐和晚餐则吃一些小吃，比如沙拉、肉汤以及煎肉。然后是甜点——海枣、无花果、糖渍柠檬，甚至还有“糖果”。家里不是很富裕的，甜点可能就只有胡萝卜，甚至腌黄瓜！

在彼得大帝时代之前，人们吃饭的时候是把各种食物同时摆上桌的，但这种习俗很快就被摒弃了。因为彼得一世喜欢简单但刚出锅的食物！他下令要按照顺序依次上菜：首先是小吃，接着是第一道菜、第二道菜等。在俄罗斯，这种上菜的规矩从彼得大帝时代一直沿用到今天。

旧式用餐法。

新式用餐法。

人们普遍认为，从彼得大帝时代开始，饮茶就成了日常的现象。实际上茶是在17世纪的时候从中国引入俄罗斯的。最初茶被人们当作药用饮料来饮用，后来茶就变成日常饮品了。虽然彼得一世非常推崇咖啡，但它仍然没有在俄罗斯快速流行起来，因为咖啡太贵了。

彼得大帝时代的沙拉和我们今天熟知的沙拉并不一样。当时的沙拉里面只有绿叶菜。什么鸡蛋、肉以及蘑菇，统统没有！甚至直到18世纪末，卷心菜和辣椒才成为沙拉的一部分。而非绿色植物则到19世纪初的时候才被拌入沙拉。那时候人们开始往沙拉里添加各种酱汁，首先就是法式蛋黄酱。

在富人家庭里，人们在烹制食物方面花费了大量的时间和精力：雇用厨师、收集可以代代相传的菜谱。而农民是不会花费那么多时间去做饭的。农民家庭里年长的女性，通常是女主人，要早早地起床，然后做好足够一家人吃一天的食物，这样她就可以省下时间来干其他活了。

18世纪时咖啡馆开始在欧洲流行起来。咖啡馆不只是喝咖啡的地方，还是开展社交活动、谈论时事的场所。圣彼得堡第一家咖啡馆于1722年开业。

胡须税：时代新潮流

你想像欧洲人那样生活吗？那就先从外表开始改变吧！1700年，彼得一世颁布命令，要求所有人必须穿欧式服装。

根据彼得一世的命令，贵族妇女应当穿低胸束腰、有宽大裙摆的鲸骨裙，男士则要穿长外套、无袖短上衣、紧身及膝短裤、带吊袜带的袜子、低筒靴并戴假发。

想象一下，18世纪时还没有发明我们现代人穿的内衣。即使是沙皇本人也没有内裤可穿。

当今社会的时尚人士可以通过各种途径，比如商店、杂志、网络等了解当下最流行的服装款式。而在彼得大帝时代，贵族们都是从巴黎和伦敦订购时装样品！从这些地方运过来的大多是打扮时髦的潘多拉娃娃，而不是服装。这种潘多拉娃娃的高度大约是真人高度的一半。

为了让自己更迷人，女士们会在脸上、肩上或脖子上粘贴用黑色天鹅绒做的假痣。甚至出现了一种“痣语”：男舞伴可以从女士把痣贴在哪儿，来判断女士的心情如何、愿不愿意跳舞等。

沙皇的诏书被贴在莫斯科市中心的显要位置，如克里姆林宫和中国城的大门上。诏书上不仅描述了服装的款式，还包括了饰物、布料和颜色。

1699年，在彼得一世的近臣弗兰茨·莱福特的府邸举办了一次宴会。客人们来的时候都穿着传统的俄罗斯民族服装：男士们穿着长襟外套，女士们则穿着对襟无袖长裙。沙皇讨厌这种笨重又拖沓的俄式服装，拿起剪刀就把客人们身上的长裙子和长袖子剪短了！

在18世纪，化妆是必须的。无论男人还是女人都要使用白粉和香粉。你甚至可能拥有一个特制的空心盒，粉可以从盒子里撒出来。扑粉之后还要再涂上胭脂。此外，人们还用锑来画眉。

17世纪的撒粉盒。

彼得大帝统治时期，俄罗斯贵族习惯了甚至迷上了穿新式服装。但是纳税阶层的服装几乎没有任何改变。

所有的农村男人都穿着俄式衬衫和裤子。衬衫之外套上各种大衣——及膝的原色粗呢长大衣、紧腰细褶长外衣，或者短外套——无领粗呢上衣。他们脚上穿椴树皮鞋或者用整块皮子做成的及踝靴，穿这种靴子的时候需要在脚踝、小腿绑上绑带。当时人们没有袜子可穿，代替袜子的是绑腿，其实就是用一块布，把脚和小腿部裹住，然后用带子绑起来。

还记得哪些人是官宦阶层、哪些人是纳税阶层吗？如果不记得，请返回阅读第18页。

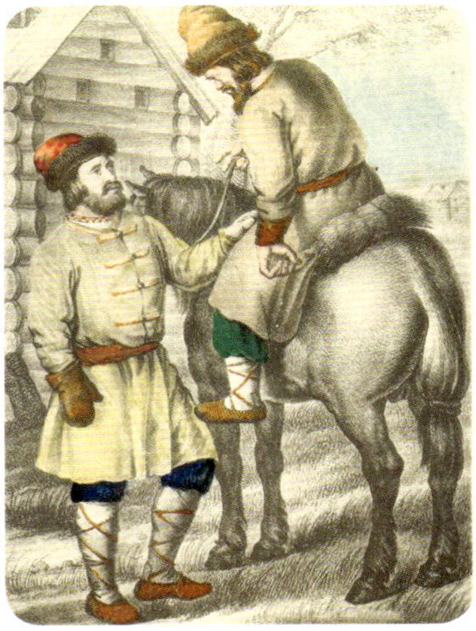

两个身穿及膝原色粗呢长大衣的农民。

农民家的孩子穿什么？参见第27页。

未婚姑娘和妇女都穿及地长衫，外套对襟长裙或者半裙，或者长裙半裙一起穿。长裙外面通常再穿一件防寒坎肩，这种坎肩可以护住胸口，也就是“灵魂所在”之地。此外，她们还经常穿一种叫“舒加衣”的长袖短外套。

穿半裙、披肩和无袖坎肩的妇女。

当彼得一世从欧洲回到莫斯科时，贵族们争先恐后地欢迎他。沙皇却以罕见的方式招待他们：他抄起剪刀，剪掉了贵族老爷们的胡子！从1705年开始所有市民必须剃掉胡子。只有神职人员和农民可以例外。

如果沙皇命令你剃掉胡子，那喊不喊“救命”都没用。

自古以来，俄罗斯男子都以留大胡子为美，他们认为胡子是负责任和品行端正的象征。可是到了彼得大帝时代，胡子则成了落后和懒惰的体现。如果哪位市民想保留自己的胡子，他必须出钱购买“留须权”。贵族须每年缴纳60卢布，而商人则须缴纳100卢布。农民可以不剃胡子，但是他每次进城或出城都要缴纳1戈比。

沙俄政府为蓄须者特制了一个小铜牌——“须税凭证”，已经缴了胡须税的人必须把这个铜牌挂在脖子上以备检查。

“彼得窠巢中养大的雏鹰”

彼得一世周围逐渐形成了一个由他的亲信大臣组成的小圈子。他看重那些为理想而努力的、不因自己的出身而自命不凡的人。因此他的亲信大臣中有许多出身寒微的人。后来人们用“彼得窠巢中养大的雏鹰”（出自普希金所作长诗《波尔塔瓦》）来形容沙皇的亲信大臣及其改革的支持者。

并非所有彼得的近臣都是他的同辈人。费多尔·尤里耶维奇·罗莫丹诺夫斯基公爵（约1640—1717）从年龄上来说都可以当彼得的父亲了。沙皇不在国内的时候，就委托罗莫丹诺夫斯基处理国事！人们就像恐惧雷电一样恐惧罗莫丹诺夫斯基。因为他领导的“普列奥布拉仁斯基办公厅”负责残酷镇压任何针对沙皇和政府的批评。

关于普列奥布拉仁斯基办公厅，请阅读第34页。

巴维尔·伊凡诺维奇·雅古任斯基（1683—1736）是一位教师的儿子。最初他靠为人擦鞋为生，之后进入普列奥布拉仁斯基兵团，并逐步晋升为有“君王之眼”之称的参政院下属的总检察长。但是在彼得一世逝世后，雅古任斯基受到政敌排挤，远离了政治中心。

关于参政院，请阅读第36页。

弗兰茨·莱福特（1655—1699）出生于日内瓦，二十二岁的时候加入俄罗斯军队当了一名军官。莱福特头脑聪明、平易近人且有很强的领导能力。他是大使团的倡导者之一，并且帮助彼得一世招揽了许多外国专家到俄罗斯来工作。

雅科夫·布鲁斯（1670—1735）是苏格兰人，他的父亲1649年流亡到俄罗斯。布鲁斯闻名于世的成就之一，就是统一了各种武器的口径。在此之前的俄国武器有各种不同的口径，弹药也是各种尺寸的。这就使得给枪炮填充弹药浪费了许多时间，这在战斗时是大忌！布鲁斯引入了口径标准化体系。在业余时间布鲁斯掌握了八种欧洲语言，编撰了《从莫斯科到小亚细亚地图》，还写了一部几何教科书。他还是天文学家和自然科学家，在1702年建造了俄罗斯第一个天文观测台苏哈列夫塔。

亚历山大·丹尼洛维奇·缅希科夫（1673—1729）是彼得一世最倚重的大臣。据说，他的父亲曾经是宫廷饲马员，而缅希科夫本人青年时期则在莫斯科的街道上以卖馅饼为生。他进入普列奥布拉仁斯基兵团后结识了彼得一世。因为才华卓著，阿列克撒什卡（亚历山大的昵称）·缅希科夫一路从沙皇的勤务兵成长为陆军元帅。值得一提的是，缅希科夫是个文盲。他同时还贪污国家财产并接受贿赂。尽管彼得一世曾经为此罚他受棍刑，但最终还是因爱其才华而原谅了他。在彼得一世死后，缅希科夫的政敌用阴谋将他拉下台并流放了他。

缅希科夫及其家人被流放到西伯利亚的别廖佐夫镇。他在那儿亲手用木头搭建了自己的木屋和教堂，过上了与之前截然不同的生活。

鲍里斯·彼得罗维奇·舍列梅捷夫（1652—1719）出身于莫斯科古老而富有的大贵族之家。舍列梅捷夫于1701年在艾列施特佛为俄罗斯取得了北方战争开始以来的第一场胜利，因此获封元帅军衔。舍列梅捷夫生活豪奢，即使是行军期间，也要邀请五十多人一起用餐！彼得一世对舍列梅捷夫并不是一直信任和亲近的。这位元帅数次失宠被黜，但他自始至终都忠于彼得一世。他最终死于被迫去观看审讯皇太子阿列克谢的路上。

在“彼得窠巢中养大的雏鹰”中不只有军事家和国务活动家。瓦西里·尼基季奇·塔季谢夫（1686—1750）在北方战争期间的许多次战役中都担任过彼得大帝的助手。他还是“俄罗斯历史之父”，曾经花费了超过25年的时间著述《俄国史》！彼得一世还非常亲近神学家费奥凡·普罗科波维奇（1681—1736）。后者是一位非常厉害的演说家，不惧任何辩论。他用自己的房子自费开办了一所学校，教导孩子们学习数学、外语、文学、音乐和击剑。

信任，但是要核实：秘密警察

彼得一世遵从“信任，但是要核实”的原则。从1722年起，被彼得一世称为“君王之眼”的总检察长开始负责监察参政院的工作，其他的检察长则负责监察各委员会。他们的职责是杜绝这些机关官员的肆意妄为和贪污受贿等违法行为。这是众所周知的公开的监控手段。

受贿和空口许诺是俄罗斯官场上的顽疾。彼得一世决心根除它，因此对被控受贿的官员施以严惩。西伯利亚省省长加加林公爵甚至因贪污腐败被处以极刑。

除了公开的监控手段，1711年，彼得一世还设立了秘密的监察机构。这些秘密警察负责监督官员的日常行动，并将之呈报给沙皇。如果他们报告的内容属实，就会得到奖赏。通常情况下，这些奖赏来自罚没的官员财物。

你知不知道“告密者会第一个挨鞭子”这个说法？当人们想指责诽谤者时就会说这句俗话，意思就是，诽谤别人者会先一步受到惩罚，因为在18世纪的俄罗斯，无论是被告还是原告，都会受到刑讯拷问。如果被告不承认自己的罪行，那么告密者就会遭到严刑。反之，如果控告得到证实，那么告密者就会得到奖赏。

18世纪的苦役犯。

苦役犯是指那些被迫做苦役的犯人。他们被判刑多少年，就必须做多少年的苦役。但是，通常这个期限会是终生。

但是许多人更害怕罗莫丹诺夫斯基公爵领导的普列奥布拉仁斯基办公厅。该办公厅负责调查那些针对沙皇、国家和东正教会的犯罪活动，比如谋杀、起义等。甚至说一些针对沙皇和教会的不当言辞也会受到惩罚，被控有罪的人要在公共场合接受鞭刑或被流放到西伯利亚，甚至会被处以极刑。连那些不小心写错了沙皇尊号的人也会受到惩罚。普列奥布拉仁斯基办公厅直属于沙皇本人领导。

皇太子阿列克谢离奇之死

彼得大帝的长子阿列克谢是第一任皇后耶夫多基娅·洛普金娜所生。彼得一世婚后很快就厌倦了自己的妻子，他甚至把皇后发配到了修道院。阿列克谢长大后不仅指责自己的父亲残忍无情，而且还反对彼得一世推行的改革。

彼得一世威胁要剥夺阿列克谢的皇位继承权。阿列克谢回答说，宁肯去修道院，也不愿意继承皇位。他甚至出逃到了奥地利，意图在那里隐居。在彼得一世近臣的劝说下，皇太子返回了俄罗斯，但是他随即就遭到了逮捕和审讯。阿列克谢被判死刑。而死刑尚未执行，他就离奇死亡了。

皇太子阿列克谢。

为了调查皇太子阿列克谢及其党羽所犯的罪行，彼得一世在1718年组建了一个秘密办公室。该办公室与普列奥布拉仁斯基办公厅共同调查危害国家的罪行。

阿列克谢被囚禁在圣彼得堡市中心的彼得保罗要塞。请看本书第51页关于要塞的描述，要塞中的一个三角堡就以阿列克谢命名。

据传，彼得大帝的这位长子死于热病，就是我们常说的高烧。但是，一个荷兰木匠却给出了完全不同的说法，他在阿列克谢逝世当夜被关在皇太子单人囚室对面的囚室。这位木匠声称，他看到许多达官显贵到过要塞，随后皇太子的囚室里就闪过许多人影。他坚持认为，阿列克谢是被自己的父皇赐死的。

彼得一世曾经宣布其第二任皇后所出的幼子彼得·彼得罗维奇为皇太子。沙皇非常喜爱这位皇子，亲切地称之为“小球果”。但是小皇子因为天花而夭折了。彼得一世还有两个女儿——安娜公主和伊丽莎白公主，她们都是叶卡捷琳娜皇后所出，此外他还有皇孙彼得，他是皇长子阿列克谢的儿子。1722年，彼得一世制定了新的“皇位继承法”。从此，俄国皇室不再实行长子继承制，沙皇可以自己选择皇位继承人。

万事从新：彼得一世的政治改革

你是不是觉得，沙皇只对欧洲时尚和美食感兴趣？那你就错了，那样的话，俄罗斯永远也成不了欧洲强国！彼得一世最重视的事情就是国家改革。18世纪之前俄罗斯的地方行政单位是县。当时在俄罗斯大约有150个县。这些县所辖范围大小不一，大的非常大，小的又非常小，因此中央对各县的治理很不方便。此外，由于县的数量众多，它们的管理者也很多，因此中央政府无法对所有管理者进行有效监督！1708年，彼得一世下令进行地方行政改革，废除了县治制度，改为实行辖省制度。

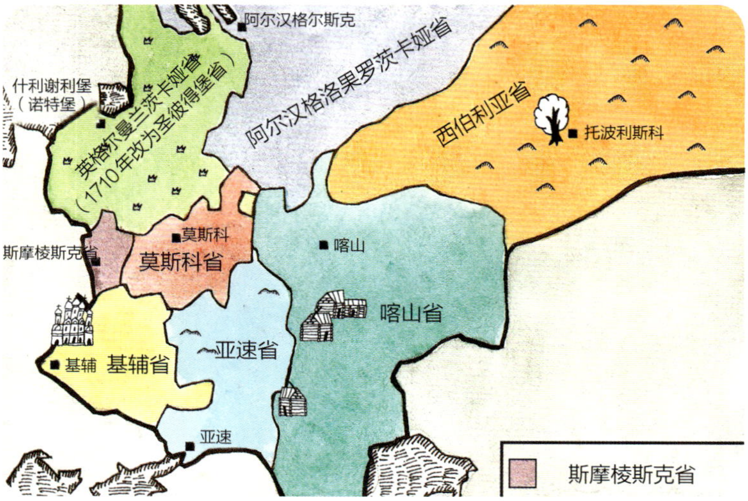

彼得一世下令把全国划分为八个大省：莫斯科省、英格尔曼兰茨卡娅省（波罗的海沿岸省）、斯摩棱斯克省、基辅省、喀山省、阿尔汉格洛果罗茨卡娅省、亚速省、西伯利亚省。到1719年之前，省的数量增至11个，这是因为俄国通过战争占领了更多的领土。

但是很快新的问题又出现了，由于辖区太大，各个省几乎都无法进行有效管理，作为各省军政长官的总督们也不能有效履行自己的职责。因此，1719年，彼得一世再一次重新划分行政区域。在保留省的建制的同时，在省下设州，以州为地方的主要行政单位。他把最初的8个省划分为47个州。

由于经常需要外出作战和出访，彼得一世不能及时处理国事。最初他把国事交于亲信处理，之后在1711年时设立了一个专门处理国事的机构——参政院。参政院拥有很大权力，从司法审判、赋税征收到财政预算，都属于参政院的管理范围，而且各省总督也由参政院管理。

这是贵族杜马会议。关于贵族杜马的详情，请阅读下一页。

既然已经有贵族杜马，那为什么彼得一世还要设立新的政府机构？因为沙皇对贵族杜马非常不满。只有大贵族才能成为贵族杜马的一员，彼得希望自己的亲信能参与国事，而他的很多亲信都是草根出身。此外，彼得一世非常憎恶一切与旧时代有关的事物，贵族杜马无疑就在此列。

1717至1721年间，彼得下令成立执行管理委员会来代替原有的管理机构“衙门”。每个执行管理委员会都有不同的职责。但值得一提的是，委员会中的每一项决定都是由委员们共同做出的，这就是集体决定，这也意味着，这项决定参考了所有委员的意见，而在衙门里往往是由一把手独自做出决定。

人们经常以为有十二个执行管理委员会，但实际上只有十一个。之所以会形成这个错误的观念，是因为那座位于圣彼得堡的著名建筑“十二院”。这座大楼由瑞士建筑师多米尼克·特列津尼设计建造。大楼由十二个外观相同的部分组成，每个部分都有一个单独的屋顶。

“十二院”正面对着一条不宽的水渠，而顺着大楼往前走，你就可以看到涅瓦河了。“十二院”与涅瓦河呈直角，其侧面正对着涅瓦河。

宗教改革

宗教方面也需要进行改革。1700年，俄罗斯东正教会大牧首阿德里安去世，但是沙皇彼得一世没有下令推举新的大牧首。1721年，他又下令设立宗教院来取代大牧首的权力。从此，东正教会完全成了俄罗斯国家机器的一部分。沙皇亲自任命各教区主教，而负责宗教委员会的宗教院总检察长则从非宗教人士中挑选，他既不是僧侣，也不是神父。

无论是彼得大帝时代之前的，还是之后的俄罗斯东正教会，都以沙皇为尊。当然，教会保有表达不满的权力。但是自从彼得一世把教会置于国家管辖之后，教会就基本失去了批评沙皇的权力。

洗礼。

如果你的父亲是一名神父，那么你家的生活来源就是你父亲所在教区的教民为举办宗教仪式而支付的钱物。但是那些被沉重的税负和徭役压迫得喘不过气来的人们又能有多少东西献给神父呢？这样，你还想成为神父吗？更何况，暂时还不知道你能不能得到这样一个职位！要知道在彼得大帝时代之前，每一个教区可以拥有两名甚至三名神父。但是在彼得一世宗教改革之后，在有一百户居民的教区里只能有一名神父！

彼得一世不太重视僧侣。他首先禁止修建新的修道院。而那些已经存在的修道院，沙皇则试图把它们变成“对社会有益的”地方：在修道院里开办学校或设立孤寡老人和残疾人收容所。

旧礼仪派反对彼得一世的改革。他们编写了“匿名信”（现在我们称之为传单），偷偷放到教堂和市场里。在这些匿名信里，沙皇彼得一世经常被称为“反基督者”。

图中描绘了三个青蛙形象的邪灵从反基督者（彼得一世）、撒旦（赤蛇）以及伪先知（大牧首）的嘴里跳出来。

谁来参军：征兵制

为了保证俄罗斯军队有充足的兵源，彼得一世实行征兵制。1699年，他在俄罗斯进行了首次征兵，即从一定数量的家庭中强制性征召一定数量的男丁去参军。征兵数额根据战争需要来决定，因此每次的征兵数额都要重新计算。1705年颁布的征兵法令确立了从纳税阶层中征兵的体制。

如果你出身于农民家庭，那么你很可能会通过征兵被召入军队。你的家人不得不悲痛万分地送走你。所有人都明白，你可能再也回不来了，因为在军队服役是终身制的。送新兵入伍，就像押着犯人一样：新兵们被绑起来，由押送队押解护送。但另一方面，征兵制也把这些入伍的农奴从奴隶地位中解放出来。

不同于其他农奴，这些士兵的孩子可以去上学。详情请阅读第64页。

禁卫军官兵几乎都是贵族出身。只有出现了极大的伤亡，禁卫军才会补充新兵。

彼得大帝时代开始大规模修建防御工事，建造棱堡和造船厂。这些工程需要强迫大量的普通市民和农民劳动。被征召去修建这些工程的人一天需要劳动14至16个小时，却只能得到微薄的食物，住在寒冷的窝棚里。试图逃跑的人会被施以鞭刑，变成苦役犯！

在军舰上也有用到苦役犯的工作。有兴趣的话，请阅读第47页。

当士兵们年老体弱的时候，才会被允许离开军队。因伤致残的士兵也能得到允许离开。许多士兵甚至为了回家而故意自残。

北方战争的开局之战：纳尔瓦狼狈溃退

彼得一世意识到，要实现国家的强大，首先要有出海口。但是当时俄罗斯进入南方的亚速海和黑海的途径被土耳其和克里木汗国截断了，而通往波罗的海的出海口则早在混乱时期就被瑞典人占领了。1699年，俄罗斯、萨克森和丹麦结成北方同盟，开始着手发动对瑞典的战争。1700年，俄罗斯正式对瑞典宣战。俄国军队逼近瑞典的纳尔瓦要塞，并在9月23日包围了这个要塞。

1700年围困纳尔瓦。

早在1698年大使团返回俄罗斯的途中，彼得一世就会见了波兰国王、萨克森选帝侯奥古斯特二世。两位君主当面达成协议，要对付他们共同的敌人——波罗的海地区的霸主瑞典。

萨克森和丹麦在俄罗斯宣战前就发动了对瑞典的战争。但是当时瑞典的第十八任国王卡尔十二世是一位天才军事家和统帅。他率军突袭丹麦首都哥本哈根，迫使丹麦国王弗雷德里克四世求和并退出北方同盟。彼得一世从奥古斯特二世那里知道了这一情况，但是他并不打算退缩。

瑞典国王卡尔十二世。

投入纳尔瓦战场的交战双方的兵力对比悬殊：俄国军队有34000人，而瑞典方面驻守要塞的军队却只有1300名步兵和200名骑兵。不过，瑞典方面城墙坚固，粮食储备足够支撑一年。俄军对纳尔瓦的炮轰持续了仅仅两个星期，因为俄军的弹药用完了！

当听到卡尔十二世驰援纳尔瓦的消息时，彼得一世下令解除围困。卡尔十二世率军杀向俄国军队，俄军立即乱成一团。在泅渡纳尔瓦河的过程中，上千骑兵跌落河中。而步兵蜂拥着往桥上跑，结果桥塌了。总之，俄国军队败得非常狼狈！

只有三支兵团作战勇敢并且井然有序地撤退了，这几支兵团是仿照欧洲军队装备和训练的兵团。他们的表现让彼得一世下决心，要参照这三支兵团对全国军队进行改革。

纳尔瓦狼狈溃退之后，俄国军队和瑞典军队时不时派遣小股部队进行小规模接触战。卡尔十二世没有把彼得一世放在眼里，在他眼中，奥古斯特二世才是主要对手，因此他把大部分军队派到了波兰。

为了嘲笑彼得一世在纳尔瓦的狼狈溃退，卡尔十二世发行了一版银币：其中一面刻画了俄国沙皇坐在大炮旁边，炮火不断轰向纳尔瓦；另一面则刻画了溃逃的俄国人。

波兰国王、萨克森选帝侯奥古斯特二世。

关于彼得一世的军事改革，请阅读下一页。

但是卡尔十二世的嘲笑只不过是白费劲！彼得一世好好地利用了这个难得的喘息机会。1700年起他着手进行军事改革，改革的效果非常显著：1701年12月29日，舍列梅捷夫统帅的俄国军队在艾列施特佛村大败瑞典人。

1704年，俄军攻占纳尔瓦和多尔帕特。对多尔帕特的围攻由舍列梅捷夫指挥，而纳尔瓦则由彼得一世亲自率军占领。当胜利者凯旋时，莫斯科市民为他们举行了盛大的欢迎仪式。

什么是庆祝胜利的最佳方式？答案就在第79页。

但是俄罗斯的盟友奥古斯特二世却遭遇了接二连三的惨败。情况非常糟糕，1702年的时候卡尔十二世就已经攻克了波兰首都华沙。在波兰贵族的压力下，奥古斯特二世被迫退位。新的波兰国王立即与卡尔十二世签订和约，并且退出了北方同盟。在这场大北方战争中最终只剩下俄罗斯一个国家直面瑞典的军队。

1750年的纳尔瓦，当时它已经并入俄罗斯领土。

全年无休的服役制度：军事改革

彼得一世从纳尔瓦那次狼狈败退中学到了很多东西。他知道，只有雄心壮志是不足以打胜仗的。因此他开始着手进行军事改革。首先，必须把军队建设成正规军。正规军随时准备战斗，其军官和士兵不允许随便回家，即使是非战争、非远征期间也是如此。

贵族民团营地。

在彼得推行军事改革前，贵族们都住在自己的领地里，他们只有在准备军事行动时才从各地赶到兵团驻地。这种军队被称为贵族民团。但是改革后这种情况就不复存在了。如果你是彼得大帝时代的贵族青年，那么你必须所有时间都待在服役的地方。这可不是一年或两年，而是一辈子，因为此时的服役制度与15至17世纪时一样都是终生制的。如果你想外出，那就必须获准批假！

彼得一世完成了由他的前辈们开始的伟大事业。整个17世纪俄国历代统治者一直不断用新式军队取代旧式军队。新式军队按照欧洲军队的训练方法来训练，穿欧式服装、配备欧式武器。

前文介绍过的射击军就是最有名的一支旧式军团。

军事改革会使俄国军队取得战争胜利吗？
要知结果，请阅读第44—45页。

1700年，彼得一世解散旧式军队，把所有这些军队里的士兵和军官全都编入新式军队。他还把兵团划分为步兵团和骑兵团，并成立了一支独立编制的炮兵团。而驻守各个城市和要塞的则是守备团。在1700年纳尔瓦战役中表现突出的普列奥布拉仁斯基兵团和谢苗诺夫斯基兵团则改编成了禁卫军。这两支兵团里的所有士兵，无论是贵族还是普通百姓，在几年之后都获得了军衔。禁卫军在很长一段时间里承担着军官学校的作用。

各支部队组建完成、装备完毕之后就要进行严格的训练了。但是此时的俄罗斯经验丰富的军官数量非常少，而且俄罗斯还急需大量的防御工事建设专家、炮兵、航海家、医生以及其他各行各业的专业人才。

你想成为一名军人吗？军人最重要的就是要学会使用武器以及遵守纪律。那你能适应军队的培养方式吗？要知道在军中任何一个错误都会让你挨一顿鞭刑。如果你犯的错误比较严重，那么你的脸上会被打上烙印、被割掉鼻子或者耳朵、被发配去做苦役，甚至被判死刑！

军队的建制很复杂！你只要想想就明白了：每个步兵团都有两个营，而每个营又有四个连。一个兵团的指挥官是团长。

彼得大帝时代炮兵所使用的炮分为大口径火炮、中口径榴弹炮和小口径臼炮几种。大口径火炮用于平射火力，臼炮适用于曲射敌人的伏兵或躲藏在碉堡里的敌人。而榴弹炮如果装配大型弹药，则可以像大口径火炮那样进行瞄准射击，如果装配小型弹药，则可以像臼炮那样进行曲射。炮兵制服包括带有蓝色翻袖口的红色长外套、红色短上衣和蓝色斗篷。

步兵制服包括带有红色翻袖口的绿色长外套和红色斗篷。这种斗篷比较窄，基本不能遮雨挡雪。站岗执勤或行军的时候才可以穿长筒靴，平常穿的就是低筒靴。步兵佩带刀或剑，以及步枪。步枪枪管上装有刺刀。上了刺刀之后的枪无法再进行射击，但是可以用来进行白刃战！

正规骑兵主要是指龙骑兵团。龙骑兵的装备有佩剑和手枪。他们的佩剑是重量较重的剑。龙骑兵制服是单排扣的蓝色长外套、红色翻袖口。他们的斗篷和步兵一样，也是红色的。

北方战争的转折点：波尔塔瓦会战

从1707年开始俄罗斯就独自对战瑞典了。1708年，卡尔十二世侵入俄罗斯领土。起初他打算经过斯摩棱斯克直接进入莫斯科，但是后来改变了主意，转道去了乌克兰。这使得俄罗斯面临的局势越发复杂了。

哥萨克首领伊万·马泽帕。

卡尔十二世转道乌克兰是有目的的。他希望补充给养并与伊万·马泽帕率领的哥萨克军队汇合。乌克兰早在阿列克谢·米哈伊洛维奇统治时期就已经并入俄罗斯，但是以马泽帕为首的部分扎波罗热哥萨克希望在瑞典人的帮助下获得更多的特权并取得完整的自治权。因此马泽帕站在了瑞典人一边。但是卡尔十二世的希望仍然落空了：只有一万余名哥萨克加入了瑞典军队，而其余的哥萨克不想为瑞典人战斗。

彼得一世明白，敌人虽然已经被战争折腾得精疲力竭，但是仍然很强大。他选择了“坚壁清野、诱敌深入”的政策，逐步消耗并使敌人疲惫。俄国军队放任瑞典人挺进俄国腹地，并不与他们决战，但同时俄军毁掉了所有的粮食储备，焚烧农作物，往井水里投毒，还数次突袭瑞典军队。

1708年9月28日，俄军在列斯纳亚村附近击溃驰援卡尔十二世的、由勒文豪普将军率领的瑞典援军，缴获瑞军大量辎重。这时候的瑞典人已经几近弹尽粮绝了！

彼得一世称列斯纳亚战役为“波尔塔瓦会战之母”，因为列斯纳亚战役发生在波尔塔瓦会战之前9个月。

1709年6月27日，瑞典国王围困战略要地波尔塔瓦，俄瑞两军在此进行了决战。

列斯纳亚战役。

战斗持续了两个小时。俄国骑兵从两面包围了瑞典军队。卡尔十二世在波尔塔瓦会战之前就已经腿部受伤，但是为了鼓舞士气，他仍然命令部下用担架将他抬到瑞军阵前。

为什么1700年的时候卡尔十二世要嘲笑彼得一世？答案就在第40页。

关键时刻俄军炮弹恰巧落在了卡尔十二世的担架上，于是这位国王不幸坠落在地。当时瑞典人都以为他死了，马上开始逃亡。从地上爬起来的卡尔十二世大喊："瑞典人！瑞典人！"但是这时候已经无法阻止瑞典人的溃逃了。

波尔塔瓦战役中被俄军缴获的卡尔十二世的担架。

波尔塔瓦战役完全改变了北方战争的进程！1710年，俄军乘胜攻占波罗的海沿岸的里加、雷瓦尔（今塔林市）、维堡等地。丹麦、萨克森同俄国重新结成"北方同盟"。奥古斯特二世再次登上波兰王位，而丹麦也再次对瑞典宣战。

瑞典人放低战旗，向彼得一世低头。

瑞典方面损失如何呢？8000名瑞典士兵丧生战场，3000余人被俘。剩余的瑞典士兵随马泽帕和卡尔十二世一同撤退，却碰上了追击的俄国军队，最终选择投降。卡尔十二世最后只带着所剩无几的亲信和马泽帕一起逃到了当时隶属土耳其的摩尔多瓦。

逃到奥斯曼帝国的卡尔十二世并没有消停。他怂恿土耳其苏丹对俄宣战。但是还没等他成功说服苏丹，彼得一世就决定远征奥斯曼帝国。俄土两国的战斗主要发生在普鲁特河沿岸地区，因此此次远征又被称为"普鲁特远征"。1711年，俄军被土耳其军队堵截在普鲁特河。俄国外交家们想方设法救出了俄国军队。他们劝土耳其人说如果继续交战，那谁也无法预料战争结果会如何。最后双方达成协议：俄罗斯以割让亚速要塞为条件换取土耳其人解除包围圈。

“一定要有军舰”：俄罗斯舰队的诞生

谁控制了海洋，谁就控制了世界！更何况，出海口能给一个国家带来无数的机遇。这不只代表着与邻国之间进行便捷的贸易、发展海洋渔业、发现新大陆的机会，更主要的是可以建立自己的舰队，双倍增强己方的军事力量！如果你像彼得大帝那样热爱海洋，那你轻易就能明白，为什么这位俄国沙皇一定要把俄罗斯打造成海上强国。

1695年，彼得一世进行了第一次对亚速要塞的远征。当时的亚速还是奥斯曼土耳其帝国的领土。但是这次远征以失败告终，因为俄罗斯没有自己的舰队，无法对要塞进行海上封锁。彼得一世明白了，没有军舰是万万不能的。

第一批斯拉夫民族航海家出现在6至8世纪。他们乘坐把树干挖空做成的独木舟勇敢地完成了一次到黑海的航行。7世纪时古罗斯人建造了独特的带有甲板的封闭式战船。在内河上进行的战斗曾经用过这种战船。

彼得一世下令在沃罗涅日修建造船厂。两万五千余名农民和小手工业者被征召去建造舰队。人们的工作条件异常艰苦，许多人死在了工地上。但是他们在1696年开春之前的短短几个月内就建好了俄罗斯第一支舰队。这支舰队很快出发前往亚速要塞。

亚速舰队里的战舰主要是由大桡战船组成。大桡战船是用多支桨推进的单甲板船，有两根或三根桅杆，船上配置几门大炮。

“德文娜号”大桡战船。

18世纪的水兵。

大桡战船有自己的优点和缺点。这种船建造起来远比其他类型的船更简单，但是它们只能在靠近海岸的近海航行。

大桡战船无法在海面上开展军舰之间互相炮击的战斗。大桡战船上的海军战士必须进行接舷战，即进攻的大桡战船船舷靠近敌人的船舷，向对方投掷登船斧，之后士兵们登上敌舰甲板同敌人短兵相接。

接舷战。

还记得吗，彼得一世在远征亚速之后为了寻找盟友去了哪里？答案就在第16页。

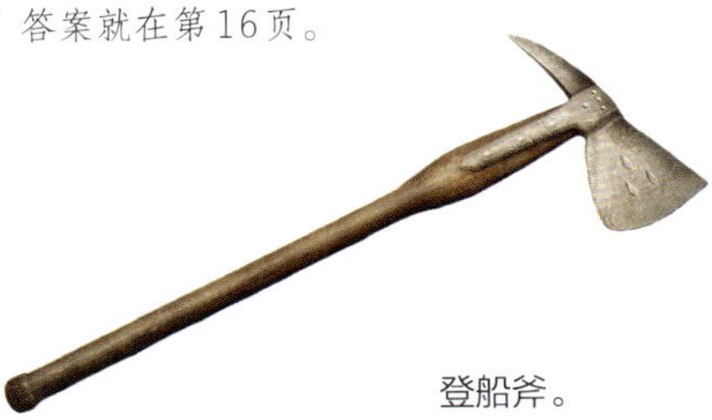

登船斧。

第一支舰队建成之后，彼得一世发动了第二次对亚速的远征。舰队封锁了通往亚速的海上通道，俄军地面部队同时在陆地上包围了要塞。亚速守军投降了，俄罗斯得到了要塞及其周围领土。但是为了打通从亚速海进入黑海的通道，俄罗斯人还要继续战斗。只不过，因为在大使团出访欧洲时没有找到盟友，俄罗斯很快就同土耳其签订了和平条约。

大桡战船是威尼斯人在7世纪时发明的。在威尼斯人的船上是由奴隶来划桨的：五六个脚部被铁链固定在舱内地板上的奴隶用手一同使劲摇橹。而在俄罗斯的大桡战船上划桨的一般是被招募的新兵或者苦役犯。在大桡战船上服役是世界上最艰苦繁重的工作之一！

但是1711年，俄罗斯又被迫把亚速口岸割让给了土耳其，并且承诺毁掉亚速舰队。为什么？请打开第45页，回忆普鲁特河远征这段历史。

征服大海

北方战争开始后，彼得一世决定再建一支舰队——波罗的海舰队。位于北方夏兹河、斯维里河、沃尔霍夫河沿岸以及阿尔汉格尔斯克的数个造船厂一同开工打造了这支新的舰队。这支舰队既有战列舰、双轨纵横帆帆船、护卫舰，当然也有大桡战船！

你们可以在翻开本书时看到这幅图，其中的船只描绘得更为清楚。

战列舰是当时世界上最强大的战舰。这种多层甲板船可装载的火炮多达100门！护卫舰是一种体积稍小的帆船，有三层甲板，可配置40门火炮。护卫舰的火力略逊于战列舰，但是它的机动性更强、速度更快。双轨纵横帆帆船是这几种帆船里面体积最小的，只能配置20门火炮，但是直到19世纪，这种轻便灵活的多桅小型帆船还一直受到从地中海到太平洋各地海盗们的欢迎。猜猜这是为什么呢？

是时候为获取波罗的海的芬兰湾出海口而战斗了。为此首先要从瑞典人手里得到拉多加湖和涅瓦河沿岸的领土。1702年，俄罗斯军队占领了诺特堡。

在诺特堡地区曾经有一个属于诺夫哥罗德大公国的"小核桃"镇。彼得一世在成功占领诺特堡之后一语双关地说："没错，这个核桃是很坚硬，但是，感谢上帝，我们把它嗑开了。"很快彼得一世就把诺特堡改名为什利谢利堡，在德语中这个词是"钥匙之城"的意思。彼得之所以给它取这个名字，是因为这儿"打开了通往海洋的大门"。

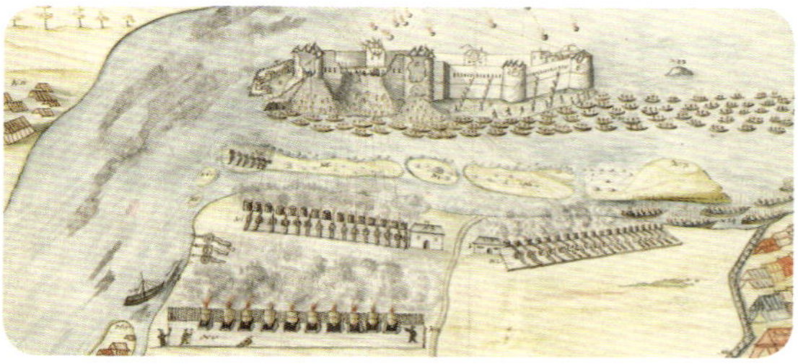

在这张全景图上你可以看到俄军攻入诺特堡的过程。

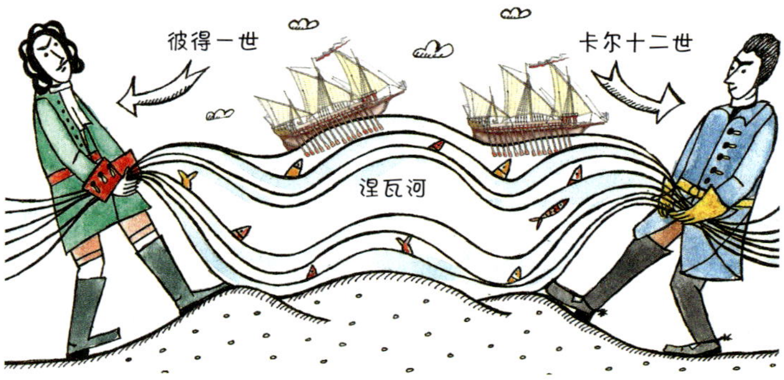

1703年，俄罗斯占领尼恩尚茨堡。现在整个涅瓦河都落入俄罗斯之手了。为了封锁瑞典人进入涅瓦河的通道，1703年，彼得大帝下令在涅瓦河河口的兔子岛上修建圣彼得堡要塞。

1714年，俄罗斯的波罗的海舰队在波罗的海汉古特战胜了瑞典舰队。1719年，俄罗斯舰队在艾泽尔岛附近再次大败瑞典人，而1720年，几艘俄罗斯大桡战船在格琅汉姆岛袭击了瑞典战舰，缴获4艘护卫舰、100门大炮并俘虏407名瑞典士兵。此后，俄国舰队在波罗的海称霸，这使得沙俄军队能随时登陆瑞典海岸。

1721年8月30日，瑞典同意签署《尼斯塔德条约》。俄罗斯获得波罗的海出海口，完成了彼得一世制定的目标！条约规定，俄罗斯放弃芬兰湾东部地区、芬兰湾南岸的里加湾及其附属岛屿，但却获得了维堡、纳尔瓦、列维里和里加等地。

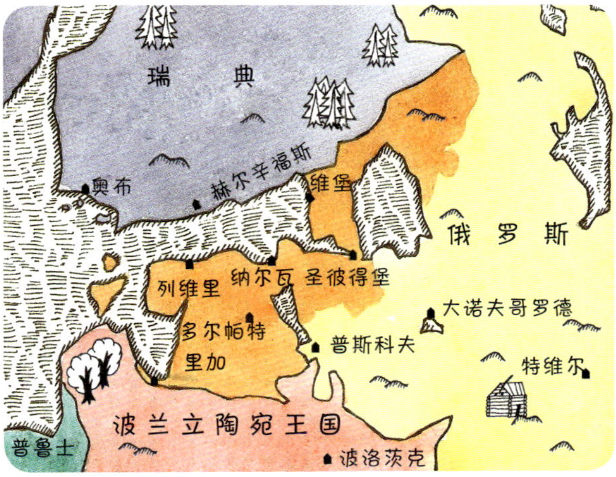

彼得大帝统治时期俄罗斯的造船厂总共建造了1000多艘军舰，这还不包括那些小型船只。造船大师们取得了令世人瞩目和令俄罗斯人自豪的成就！其中一位名叫耶菲姆·尼康诺夫的俄国农民痴迷于造船，他甚至发明了一种“隐形船”，而“隐形船”就是潜艇的原型！

隐形船模型。

为了纪念北方战争的胜利，俄罗斯发行了多款银币。上图中这枚银币是为了纪念汉古特海战而发行的。沙皇下令在银币的一面刻上“这场战争结束了……我们通过舰队作战获得了和平，除此之外的任何方式，包括陆上作战，都不能做到这一点”。

彼得一世本人就是熟知造船行业的大师。在欧洲访问时，他收集了许多关于造船和航海方面的书籍，并且努力钻研。正是从这些书籍中获得的知识最终使沙皇决定，要在俄罗斯发展力学、天文学和数学。

关于这个决定产生了什么后果，
详情请阅读第64—65页。

从要塞到城市：圣彼得堡的诞生

你已经知道了，俄罗斯在混乱时期失去了从拉多加湖到芬兰湾的广大领土。正是从那时候起，这些地方一直被瑞典统治着。

彼得一世经过数次远征收复了这些领土。18世纪初整个涅瓦河流域都划入了俄罗斯版图。为了保卫这片领土，阻止瑞典人进入涅瓦河，彼得一世从1703年开始在涅瓦河河口建造要塞和城市。

最初要塞的墙是土木结构的，但是在彼得一世逝世前就逐渐换成了石墙。传说彼得一世本人也参与了要塞的建筑工作。他非常喜欢荷兰的文化，因此给要塞取了一个荷兰式的名字“圣彼得堡”。在荷兰语里面这个词是指“圣彼得的城市”。

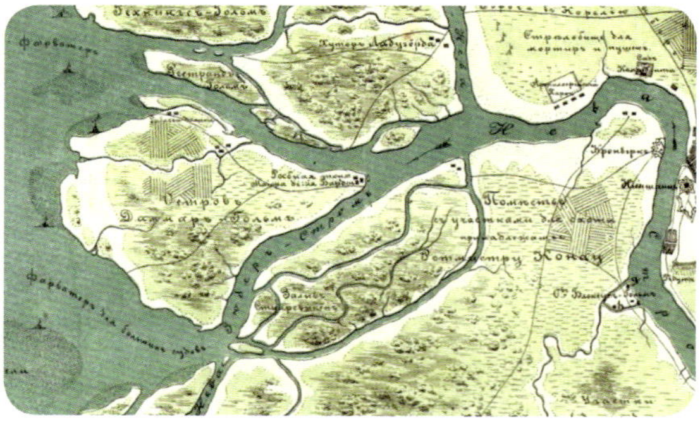

1698年彼得一世占领之前圣彼得堡所在地区的地形图。

彼得保罗大教堂。

1712年，彼得一世下令皇宫和几乎所有的中央单位都要从莫斯科迁移到圣彼得堡。而1713年参政院开始在彼得保罗要塞里面办公。因此人们普遍认为，从1712年起圣彼得堡就成了俄罗斯的新首都。

1720年，“圣彼得堡”作为新首都的正式名称被确定下来。

彼得一世还决定在要塞内建一座教堂。他埋下了教堂的第一块基石。奠基的这一天是圣徒彼得和保罗的纪念日，因此教堂被称为彼得保罗大教堂。也因此整个要塞开始被称为彼得保罗要塞，而它的荷兰名字“圣彼得堡”则变成了整座城市的名字。

同要塞的围墙一样，教堂最初也是木制结构的。1712年开始改建为石制教堂，这个建筑过程一直持续到1733年，即彼得一世去世八年之后。

彼得保罗要塞是欧洲风格的新式建筑。要塞有六个凸出的棱堡，棱堡与棱堡之间用墙连接。其中五个棱堡是以彼得一世的亲信大臣的姓氏命名的，他们当年都参与过这些棱堡的建造。第六座棱堡则被命名为“皇帝陛下棱堡”，因为彼得一世亲自参与了它的建造过程。每个棱堡里面配置了60门火炮。

想知道彼得一世有哪些亲信大臣吗？
请翻看第32—33页。

要塞里还有许多隐秘的地下通道，它们连着一些下水道口。而在彼得保罗要塞的围墙里面还有秘密的走廊——暗道。围墙的厚度将近20米。它们是这样建起来的：首先用砖砌好内墙和外墙，中间空着的地方则用混着碎石子的土填起来。

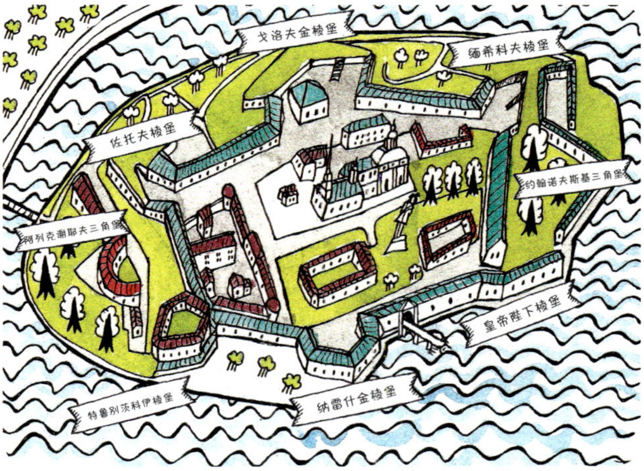

彼得保罗要塞全景图。

要塞里还有三角堡，这是一种土木结构的防御工事。其中一个三角堡叫作阿列克谢耶夫三角堡。这个名字是为了纪念彼得一世的长子、皇太子阿列克谢，他遭到了自己父亲的审讯，并且死在了彼得保罗要塞里。

想知道皇太子犯了什么罪，
请阅读第35页。

彼得堡的第一座住宅建筑就是彼得大帝的小屋。这座小巧的原木建筑建于1703年，仅用了三天时间就修建完成。北方战争期间俄军在涅瓦河上取得最初几次胜利之后，彼得立马下令建造了这栋小屋。小屋曾遭炮火损毁，后又在原地修复，今天这里已经是一座博物馆了！

彼得大帝的小屋。

如果你仔细看圣彼得堡现在的地图，那么你会注意到它和其他俄罗斯城市有很大的不同：圣彼得堡坐落在几个用桥梁相接的岛屿上。但是在彼得大帝时代，圣彼得堡是没有桥梁的，因为沙皇禁止修建桥梁，他希望所有俄罗斯人都学会划船。但是人们始终不习惯划船，圣彼得堡最终还是变成了一座桥梁之城，当然，这已经是在彼得一世逝世之后了。

在彼得一世的“天堂”：圣彼得堡的生活

根据彼得一世的设想，圣彼得堡不应该建成像其他的俄罗斯城市那样，而应该更像欧洲的城市。他希望建起一座像阿姆斯特丹或威尼斯那样的运河之城。1716年来临之前，在当时的圣彼得堡主城区瓦西里耶夫岛上已经建好了运河系统。但是这些运河最终只起到了美化城市的作用，并没有带来多少实际的好处。此外，由于运河干涸，需要很高的维护费用，人们不得不填平了它们。瓦西里耶夫岛上的街道就是在这些原来的“运河航线”的基础上修建的。直到今天人们仍然可以在这些街道上漫步！

彼得一世希望自己的城市是这样的：宽阔的街道横平竖直，路面上铺着石板，到处都能看见精致的栅栏围着的宫殿和花园，石头建造的临街大楼一栋连着一栋。

为了让大家明白圣彼得堡和其他俄国城市的不同之处，我们来把它和莫斯科对比一下。莫斯科是以市中心的克里姆林宫为核心逐步发展起来的。莫斯科市里的每个区域都有围墙围着，即便私人住宅也是如此。直到今天我们还能看到克里姆林宫的城墙和一小段中国城的城墙。这样一来，临街的就不是建筑物的正面，而是住宅或办公楼的围墙。莫斯科市内几乎所有的住宅都是木头建造的。莫斯科的街道并不是横平竖直的，很可能走着走着，就被两旁人家的菜园或花园挡住了去路。而且莫斯科人很少铺路面，既不用石块，也不用木板！

彼得一世下令众多贵族、商人和手工业者带领家人迁移到圣彼得堡。设想一下，如果你的家庭被强迫离开世代居住的地方，你会乐意吗？因此这些“移民”都是含泪离开挚爱的故园的。

应该说是农民建立了最初的圣彼得堡。仅仅在1704年这一年，沙皇政府就从全国各地征召了4万名农夫来修建这个新城市。他们干着最累的活，得到的却只有填不饱肚子的几片糙面包。一批农民干上几个月，就得换上新来的一批。如果你的父亲是农民，那么他每天都得干填沼泽地、砍伐树木这种最苦最累的活。许多人受不住逃跑了。彼得一世对逃跑的人非常残忍，他下令逮捕逃跑者的家人并关押在监狱里，直到逃跑者被找到。

这些干活的农民腰部以下甚至是胸部以下一天数个小时都泡在冰冷的水中。潮湿的气候导致各种传染病盛行，更何况他们吃得特别糟糕。根据历史学家们统计，在圣彼得堡建设期间，有4万至10万人死在了工地上。

大部分俄罗斯农民是农奴。如果你不清楚农奴和普通农民的区别，请返回阅读本书第18页。

建设圣彼得堡。

圣彼得堡一景。

很难想象，人们在沼泽地和丛林中建起了一座如此美丽的城市，其雄伟壮丽完全不输任何一个欧洲城市。彼得一世称圣彼得堡是他的“天堂”。现在每年都有成千上万的人从世界各地来到这里旅游。此外，圣彼得堡还有另外一个名字——北方威尼斯。

但是圣彼得堡的建设也妨碍了其他俄罗斯城市的发展。因为沙皇下令，把全国所有的石头和砖都运到此处来建设新首都，禁止其他任何地方用石头盖房子。同时，一度是俄罗斯主要港口的阿尔汉格尔斯克的贸易中心地位也慢慢被圣彼得堡所代替。随着许多商人的破产，阿尔汉格尔斯克逐渐走向了没落。

17世纪末阿尔汉格尔斯克的城市印象。

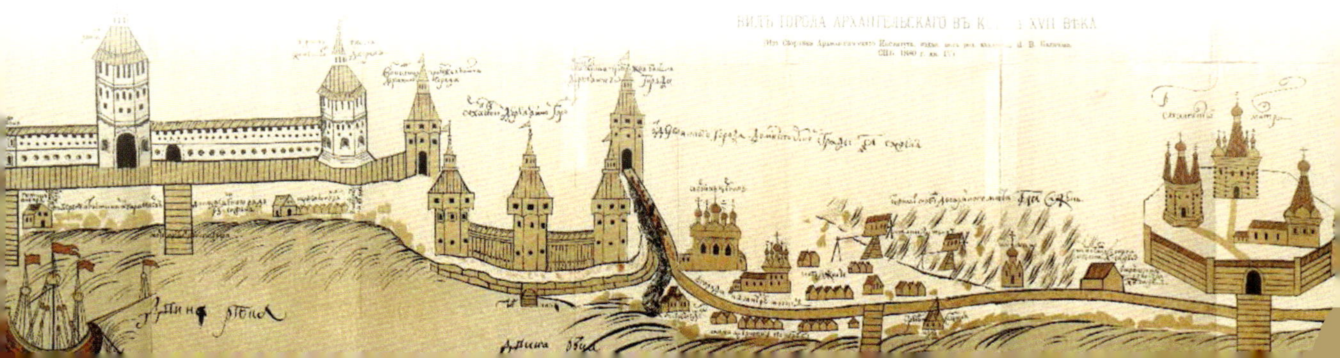

谁来拔牙：彼得大帝时代的医学

17世纪的俄罗斯极度缺乏医生。而且不同于欧洲的是，在俄罗斯的任何一个城市都没有培养医生的医科学校。当时在俄罗斯首都莫斯科，治病救人的都是从国外邀请来的专家。

18世纪的欧洲医生。

在农村，人们通常是通过服用草药和泡澡来治病的，只有在极少数情况下他们才会求助于医生和正骨医生。慢性病的治疗则采用“埋线引流法”。这种治疗方式是借助一根长长的针把浸过松节油或其他刺激性物质的线埋在人体病变之处的皮肤下方。这根线需要埋一周以上，会引起皮肤严重的脓肿，人们认为这样可以把病源引出来。

18世纪初，彼得一世邀请了大约150位外国医生来俄罗斯工作。1706年他又下令在莫斯科建立一所医院，并从外国人和俄罗斯各级官员中挑选50人学习医药学。外科医院和附属解剖室最终建成于1707年。

彼得一世曾经在荷兰的一家解剖室观察过医生们如何解剖尸体。要诊断疾病，首先要懂得人体构造。在现代，医科院校的大学生们需要亲自解剖尸体，但是在当时这个工作是由教授来完成的，其他人只能观看这个过程，而且他们轻易不能靠近尸体，只能在离解剖台好几排座位的地方远观导师的动作。

荷兰莱顿城的解剖室。

彼得一世非常喜欢解剖这门科学，他有时候会作为助手亲自参与解剖过程。据说，随着时间的推移，他逐步掌握了许多门技术，比如娴熟地解剖尸体、拔牙等，而且他是以极大的热情来做这些事情的。在圣彼得堡的珍奇馆里至今保存着彼得一世亲手拔下的牙齿。

1707年，在莫斯科还开办了第一所培养军医的学校——军医学校（即外科医学校）。

许多外国人认为，俄罗斯人不善于学习。军医学校的校长、荷兰人尼古拉·比德洛在给彼得一世的信中写道：“许多外科医生建议我不要教导俄国青年学习医学。他们认为，我不可能完成这项事业。”

如果在彼得大帝时代你的哥哥想成为一名医生，那么他必须在实践中学习医学，也就是说直接在病人的病榻边学习。老师偶尔会让他独立完成一些小手术。但是这个学习过程非常艰难，因为学校里见不到一副人体骨架，解剖室也极少有新鲜的尸体。学校里甚至没有教科书。学生们只能看看老师们讲课用的讲义，而这些讲义是一代又一代传下来的。

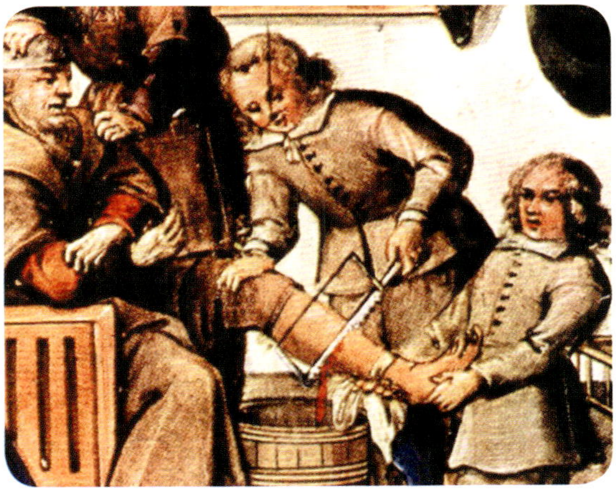

当时无论是在俄罗斯还是在欧洲，都没有麻醉剂，因此即使是最复杂的手术也是在病人清醒的状态下完成的。上图描述的是17世纪时医生们做截肢手术的场景。

18世纪时俄罗斯开辟了许多草药园，这些地方种植的不是蔬菜，而是草药。如果你想学习药物学，那你就去这些草药园，因为在这里你可以认识草药、参与制药。

1706年，在苏哈列夫塔外面的草地上，莫斯科草药园得以建立。苏哈列夫塔现在已经不存在了，但是草药园保留了下来。

1701年，俄罗斯开始实行药品专营模式，即由国家来控制药品的生产和销售。这样一来你就再也不能像以前那样随便在“草药摊子”上买药了，而必须去国营药店。当然，社会上也有私营药店，只不过它们都处在国家的密切监管下。18世纪末的时候在俄罗斯大约有100家药店。

1721年，俄罗斯成立了医务办公厅。这个机构负责监管所有的药店，而且医生可以在这个办公厅获得行医权。如果你的哥哥“没有通过医务办公厅的考试”，那么他就不能成为一名医生。

你是不是以为，药水是由女巫和巫师熬制出来的？但实际上在彼得大帝时代，所有草药制成的药剂都可以称为药水。关于如何熬制药水的书籍被称为“草药书”，而那些卖药水的地方则被称为“草药摊子”。

在这种药柜子的各个小抽屉内存放着各种各样的药物。

大钐刀：18世纪的农业

如果你的父亲是农奴，那么他必须在贵族老爷的田地里按照主人的要求种植农作物。但其实地主本人有时候也不能决定自家地里应该种什么。因为在北方战争如火如荼的时候，沙皇彼得·阿列克谢耶维奇会根据士兵和舰队的需要来命令百姓种植相应的农作物。如果沙皇需要更多的麻来制作缆绳，那谁还种什么燕麦啊！

蚕茧。

亚麻布是制作船帆和缆绳所必须的材料。为了生产足够的亚麻布，人们开始种植更多的亚麻和大麻。而在气候较为温暖的地方，人们则开始种植桑树。

彼得一世到过欧洲很多国家，他希望按照西方的模式来发展俄罗斯的农业。按照他的命令，俄罗斯从荷兰引进了品种优良的奶牛，从西班牙则引进了美利奴绵羊，这种绵羊的羊毛长而柔软。

养蚕必须要种植桑树，因为桑叶是蚕宝宝的食物。而蚕宝宝则会吐丝结茧，经过缫丝之后从蚕茧里抽出丝，蚕丝是制作丝织品的必要材料。但是在俄罗斯，蚕桑之事进行得非常不顺利，因此丝绸厂不得不靠进口原材料来维持经营。

为了满足造船业的发展需求，彼得一世开始关注森林的保护问题。1703年，他下令禁止民间砍伐直径超过半米的树木。同时被列入禁止砍伐名单的还有松树，因为松树树干可以用来制作桅杆。如果你想建造房屋、制作木桶或生火烧炉子，那你只能去砍云杉、桦树、白杨树和柳树。

但是有时候沙皇对于农业改革会用力过猛。当他知道荷兰人用大钐刀收割小麦而不是用镰刀之后，他就下令俄罗斯农民改用大钐刀。彼得一世甚至还派遣士兵去田间地头查看自己的旨意是否得到了认真执行。这导致了又一次的农民暴动：要知道他们可不习惯用大钐刀来收割粮食！

用木耙犁耕田。人们赶着马拉动木耙在田地里一趟趟走过去，地就犁好了。

如果你是个农民，那让你不堪其苦的不只是大钐刀。战争、征兵、税收都是压在老百姓身上的沉重负担。许多人还会被征召去修建造船厂或者到手工业工场里做工。而农奴所背负的就更多了：除了上述负担之外，他们还要给地主上缴一部分劳动产品（这叫作“代役租”），或者每周数天只为农奴主干活（这种制度称为“劳役”）。

很多人认为，“土豆传奇”正是始于彼得大帝时代。彼得一世的确从欧洲带回了土豆，但当时没有人喜欢食用这种块茎类植物。19世纪中叶，沙俄政府开始强迫俄罗斯民众食用土豆，为此还引发了一场“土豆暴动”。因为人们对土豆不了解，不知道怎么吃这种奇怪的东西，结果他们吃了有毒的马铃薯浆果，而不是块茎。直到19世纪末人们才真正喜欢上了食用土豆，而到了20世纪时土豆已经成了俄罗斯人餐桌上的“第二大主食”。

但是在彼得大帝时代，农民的“第二大主食”不是土豆而是芜菁（在中国有“大头菜”的俗称）。除芜菁之外，俄罗斯人还种植甜菜、圆白菜、洋大头菜和胡萝卜。顺便提一句，当时的胡萝卜和我们现在常见的胡萝卜可不一样。17世纪之前的胡萝卜不是橙色的，而是淡黄色的，后来人们才培育出我们现在熟悉的胡萝卜品种。

这是法国农学家安托万·帕门蒂尔。他手中拿的是一束植物，其中有玉米、小麦和马铃薯花。帕门蒂尔被认为是“土豆之父”。他一生致力于在欧洲普及土豆这种原产于美洲的作物。

我拉坯，你烧制：工场手工业的发展

俄罗斯的工场手工业出现于17世纪，但是在彼得一世登基之前，俄罗斯只有很少的手工业工场，因此它们的生产能力非常有限。而到了彼得大帝时代，陆军和海军舰队却长期需要大量枪支、火炮、弹药及其他武器装备！

因此在全国各地建造手工业工场势在必行。1701至1704年间，在俄罗斯开办了多家兵工厂、铁工厂、制袜厂、制呢厂等各种工厂。

18世纪的织布机。

俄文中“工场手工业”这个词来源于拉丁语，由拉丁语“manus”（手的意思）和“factura”（制造的意思）组成。在手工业工场里，所有的商品都是工人手工生产的。你也许会问：“小手工业者也是用自己的双手来制造商品的，这和工场手工业又有什么区别？”设想一下，假如你是一个制陶匠，那么制作一件陶器的每一个步骤从头到尾都是你完成的。但是在手工业工场里却有劳动分工：一位师傅负责制坯，另一个师傅负责烧制，第三位师傅则专门上釉。

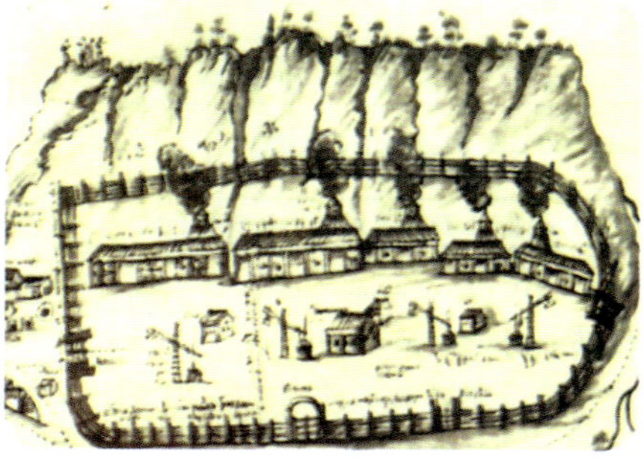

托波尔斯克数家工厂的全景图。

彼得一世全力支持民族工业，但是俄罗斯制造出来的商品质量却一般。必须想个什么办法让人们购买俄罗斯商品。还真找到了这么一个可行的法子！当外国商品运到俄罗斯的时候会被收取高额关税，因此它们的价格变得很高，以至于根本就卖不出去。这样一来，在各地市场上民族工业生产的商品就填补了这个空缺。当时俄罗斯最有名的市场有下诺夫哥罗德的马卡利耶夫斯卡娅市场、布良斯克附近的斯文斯卡娅市场以及乌拉尔的伊尔比特市场。

俄罗斯的工场手工业分为官营和私营，其中官营的属于国有财产。俄罗斯和欧洲的工场的不同之处在于，在俄罗斯的工场里干活的不是自由人，而是农奴。这些农奴是被专门买下来干活的，有时候是以整个村子的形式被买下来。还有一些农民被政府划归为“工场附属农”。他们在工场的工作因为有功于国家，所以可以抵消一部分徭役。

你可能以为，这些手工业工场主，也就是企业家，会很满意自己的生活吧。那你就大错特错了！要生产什么、生产多少，根本不是由生产商决定的，而是由沙皇来决定的。沙皇的旨意决定了应当发展哪一个工业领域。工场主的命运和财富完全取决于君王的意愿。

但是如果沙皇肯定你的事业，你的后世子孙就将受惠无穷！后来成为乌拉尔和图拉地区最大的武器制造商和采矿业主的杰米多夫家族就是活生生的例子。因为彼得一世对铁匠尼基塔·杰米多夫的手艺大加赞赏，于是便赐给了杰米多夫家族大片土地，让他建造冶金工场。到18世纪末，杰米多夫家族已经拥有了50家工场！

但是大部分商品还是由小手工业者生产出来的。1722年，彼得一世下令成立行会，要求同一个行业的所有师傅都必须加入该行业行会。他希望把小手工业者们的力量集中起来生产军队和舰队所需要的物资。

雪橇上的房子：彼得大帝时代的交通工具

现在你出去旅行，首先会选择火车、汽车或者飞机。但是在彼得大帝时代，更加方便快捷的是水上交通而不是陆上交通。当时俄罗斯的水路超过了1000公里，而彼得一世还决定挖掘新的运河以促进水上交通的发展。

1709年，俄罗斯开通了连接伏尔加河和波罗的海的维什涅沃洛茨基运河，这使得往来莫斯科和其他俄罗斯城市间的交通更加方便了。维什涅沃洛茨基运河上的航行是单向的，因为船只在抵达圣彼得堡之后就要被拆掉了。

如果你要去的地方不远，那么木筏是一个很好的选择。

莫斯科是陆上交通枢纽。从莫斯科出发往任何一个方向走都有驿道，尽管这时候的驿道还是土路。其中最重要的一条就是从莫斯科经特维尔和诺夫哥罗德到圣彼得堡的驿道。冬天是最适宜出行的季节，因为这时候的道路最适合雪橇出行。而春秋两季由于冰雪融化和雨水使得土路非常泥泞，因此很少有人在这两个季节出行。

彼得一世不喜欢在路上慢腾腾地浪费时间，他甚至会在夜间连续赶路。普通人从莫斯科赶到圣彼得堡需要一周，而彼得一世只要三天！

路边上有驿站。驿站车夫负责送信，他们可以在驿站更换马匹，也可以捎带一些乘客。

1709年，在从莫斯科到圣彼得堡的路上一共有九个驿站。车夫在经过驿站的时候需要更换马匹，这时候他们应该吹一种特制的号角，但他们更喜欢吹响口哨，或者就是简简单单地吼一声“来喽”。通常情况下，经过一路驰骋，原来的马已经累坏了。

冬天的时候你一般会选择乘雪橇或马车式雪橇出行。如果你们家是贵族家庭，那么夏天你们会坐那种笨重的两座或四座的四轮轿式马车出行。天气比较热的时候，你们会乘坐那种可以拉开车篷的马车或四轮敞篷马车出行。社会底层的人出行乘坐的则是四轮大板车。

18世纪的马车式雪橇。

半敞篷的雪橇。

冬天的时候如果只在城里逛，你最好选择敞篷雪橇。这种雪橇上有两个座位，后面那个是乘客坐的，前面那个则是车夫的座位。如果要去远一点的地方，那你最好选择半敞篷的雪橇，这样你可以在被毛皮遮住的座位上躺一躺。而如果你要去更远的地方，那就坐马车式雪橇去吧。这种雪橇就像是一座移动的小房子，它的里面有取暖用的火盆、桌子和板凳。

但是，在彼得大帝时代，无论哪种马车都没有安装能够减震和缓冲颠簸的弹簧。

鱼鳞币

你要如何向盲人解释硬币是什么样的？你可能会说，硬币是一种又扁又圆的物体。但是俄罗斯从14世纪开始铸造的银币却不是圆形的。因为形状特殊，它们被称为“鱼鳞币”。

把用来铸造银币的白银压成条，切成一小块一小块的，再用模具把它们压成水滴状，这就是“鱼鳞币”。

1戈比银币。

“鱼鳞币”分为登加和戈比两种，1戈比等于2登加。鱼鳞币有以下几种面值：3戈比（6登加）、10戈比（20登加）、50戈比（100登加）和1卢布（200登加）。但鱼鳞币的面值并不代表其实际价值，只是表示它的购买力而已。

德国旅行家亚当·奥列阿里在自己的书中描绘了17世纪的俄罗斯货币。

彼得大帝时代，俄罗斯开始铸造银卢布并使其成为主要的货币单位。为了节省开支，彼得一世“打破”了铸造银币时金属的添加比例：他下令铸造银币时少用白银，而加入更多的锡。结果国库里一下子增加了将近200万卢布！这导致了通货膨胀。

1722年发行的1卢布银币。

彼得大帝时代的货币：2卢布金币（反面：图1，正面：图2），1卢布银币（图3），铜戈比（图4—图6），50戈比银币（图7—图11）。

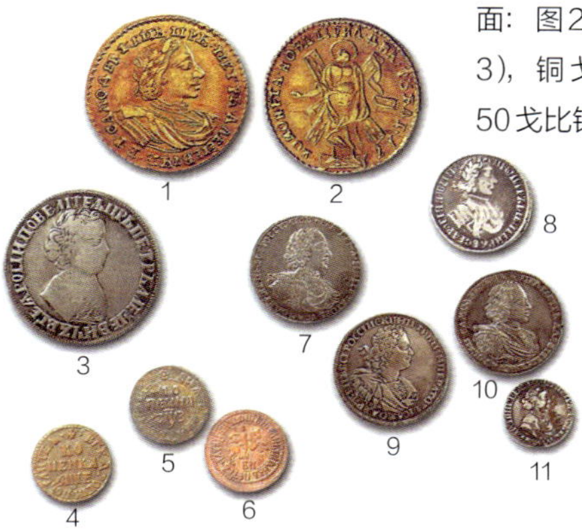

1卢布等于100戈比。除卢布外，俄罗斯还铸造50戈比银币、25戈比银币、10戈比银币。而金币则发行两种面值：2卢布金币以及10卢布金币。此外还发行1/4戈比的小铜币，相当于1/2登加。1700年开始发行铜登加，从1718年起戈比只有铜的。

改革需要大量资金投入，钱从哪儿来呢？当然是从人民身上得来！你们家必须为修建浴室、安装窗户、打造蜂箱、制作橡木棺材等种种名目缴税！

如果你出身于农民家庭，那么你可能没有听说过缴税的事情。实际上不是每个家庭成员都要单独上税。人们是以户为单位来缴税的，而一户人家则包括了住在一堵院墙里的所有居民。因此，为了少缴一点税，你们家很可能会和亲戚家或邻居家把院子打通，连起来变成一户！

为了阻止这种投机取巧逃避纳税的行为，1718至1724年间沙俄政府进行了一次男性人口普查，在此之后俄罗斯就开始征收所谓的人头税了。这就意味着，每个人都必须为自己缴税！所有纳税阶层的男丁，包括儿童和老人，无一例外都要缴税。

“人头税”是按人征收的税种，纳税阶层男性人口需缴纳人头税。

18世纪的物价比之前涨了很多。17世纪的时候80戈比就能买到一头母牛，而在18世纪却需要整整两个卢布。

这是沙皇赏赐给你父亲土地的证明文件。彼得一世曾经这样赏赐过一等文官戈洛夫金。

如果你的父亲、叔叔或爷爷都是彼得大帝时代的政府工作人员，那么他们拿到的并不是工资，而是俸禄。俸禄有可能是钱币，也有可能是粮食，比如面粉和燕麦。沙皇一般会定期发放俸禄，但是经常会延迟发放。有时候下边的人不得不向沙皇呈文请求发放俸禄：“马上要和贫穷为伍了，请伸出您的援助之手吧！”

村庄。

怎么计算纳税的额度呢？供养陆军需要400万卢布。这个数字除以农村男性居民的数量（540万人），得出的结果就是他们每人应缴纳的税额——74戈比。城市里的纳税阶层约有18.4万人，而他们负责供养海军舰队。按照同样的方式计算，每个城市纳税人口需缴纳的税额是1卢布14戈比。

艰苦的科学路：18世纪的教育

今天，俄罗斯的所有少年儿童都可以在学校里接受初等教育。但是在彼得大帝时代，1714年才开始在全国各省开办初等算术学校。这是俄罗斯教育史上的一次真正突破！如果你是贵族、手工业者、商人和神职人员家庭出身的孩子，那么你就可以去算术学校读书。在学校里孩子们会学习阅读、写字、算术以及初级几何。1724年的时候，全俄罗斯共有42所初等算术学校、两千余名在读学生。

18世纪的老师和学生。

然而彼得一世推广初等教育这个善举却并没有得到社会各界的广泛支持。最初是贵族拒绝送孩子去算术学校学习，因为他们不希望自己的孩子和下等人的孩子做同学。后来手工业者和商人的孩子也拒绝去算术学校上学。而神职人员家庭出身的孩子则更愿意去那46所教会学校就读。彼得一世去世后，算术学校渐渐变成了卫戍学校，因为学校里的大部分学生都是官兵子弟。

除了算术学校之外，彼得一世还开办了矿业学校和卫戍学校。矿业学校一般是工厂附属学校，设立此类学校的初衷就是培养采矿方面的人才。卫戍学校的学生则是士兵的孩子。这些士兵以前是农民或农奴，征兵制使他们变成了官宦阶层。上述学校招收七岁以上的儿童，教授他们读写和算术。此外，老师还会根据学校的性质教授学生“火炮知识和工程学”、吹奏长笛、打鼓以及一些手工业技能。

彼得大帝时代之前的俄语字母表是什么样子的？
彼得一世改革之后的字母表又是什么样子的？请阅读第66页。

彼得大帝时代之前的俄罗斯人不会使用我们习以为常的1、2、3等阿拉伯数字。如果你生活在那个时代，你必须学会用俄语字母来计数。为了区分数字和字母，数字上面会加一个特殊的符号“~”，名为节略符号。比如字母A上面加节略符号表示数字1，而字母H上面加节略符号就表示数字50。

彼得一世非常关心人才培养的问题，要知道当时可是正值北方战争期间！1701年，他下令开办航海学校，这所学校里的学生要学习数学、天文学、航海学，即驾引船舶海上航行的技术科学。然而，航海学校的毕业生大多数都成了算术学校的老师。同样是在1701年，俄罗斯还开办了一所炮兵学校。在1707年又开办了医学校，1712年开办了工程学校。

航海学校设在莫斯科的苏哈列夫塔。苏哈列夫塔在1930年代被拆除了，现在我们只能在画上或照片上一睹其风采。

俄罗斯第一所高等学校是斯拉夫—希腊—拉丁学院。学院里的低年级学生要学习各种语言、算术、历史、地理和教义问答。教义问答就像一本教科书，其中采用问题和答案的形式阐述基督教教理。此外，无论高年级还是低年级的学生都要学习斯拉夫语、拉丁语和希腊语。

许多贵族子弟会到国外去留学。其中一些留学生被称为膳宿生，他们的留学费用是由国家支付的。1725年之前有一千多人在国外留学，但并非所有人归国的时候都学有所成。沙皇亲自给这些人进行了考试。那些荒废学业的学生承认把拨给他们上学的钱挥霍掉了，最后他们都被沙皇发配去当兵或当水手了。

当时的学生不像我们现在能在纸上写字，他们要用粉笔在一块烧黑的板子上写字。因为一丁点的错误你可能就要挨一顿鞭子，这种鞭子可是用好几根细树枝扎起来做成的。为了让它抽人更疼，事先还会把它放到盐水里泡一泡。

每一个去欧洲的俄罗斯人都必须带回来两个外国人。1725年，彼得一世逝世之后不久，在这些外国学者的帮助下在圣彼得堡成立了俄罗斯科学院。

阅读是最好的学习：彼得大帝时代的印刷业

看一下右边图中这篇文字，你能明白其中写的是什么吗？1708年之前的书籍就是用这种漂亮但复杂的教会斯拉夫字母印刷的。彼得一世改进了俄文字母，推行简便的铅字体用于书写和印刷。

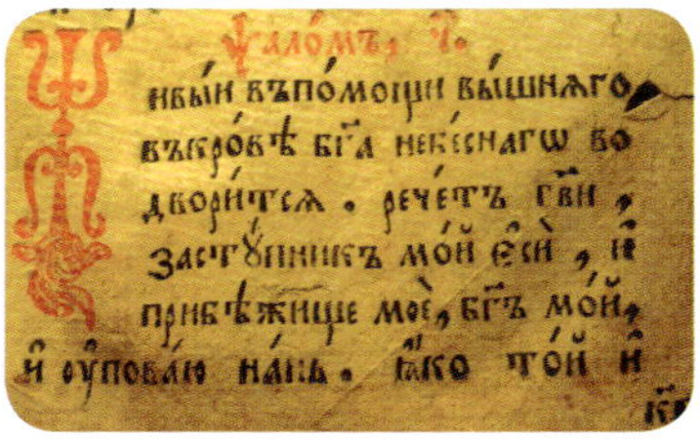

彼得大帝时代从欧洲引进了许多外来词，首先就是之前俄语中没有的专业术语。但是当时人们对外来词的推崇往往过犹不及，比如人们用“victory”表示“胜利”，用“history”表示“历史、故事”，用“amor”表示“爱情”，而相应的俄语单词却被抛弃了！你应该能理解那种状况，毕竟我们现在经常能听到很多人说话的时候夹着一两个英文词。

俄罗斯的印刷业始于16世纪。1563年，伊万·费奥多罗夫创办了俄罗斯第一家印刷厂。

彼得大帝时代的图书出版业务在俄罗斯达到了前所未有的高度。之前在俄罗斯出版的主要是宗教书籍，而在18世纪初则开始出版关于地理、天文、算术和历史的科学书籍。顺便说一句，彼得一世经常亲自为这些书籍做批注和校正。但在所有书中最吸引人的还是文学作品。

现在很多人都梦想成为蝙蝠侠或哈利·波特那样的英雄，而在18世纪初人们崇拜的偶像则是小说《俄罗斯水手瓦西里·加里奥茨基的故事》里的主人公。穷贵族的儿子瓦西里当了一名水手，他因为机智勤勉被派到荷兰去留学。在荷兰瓦西里爱上了美丽的女王伊拉克利亚。主人公历经考验才成功娶到女王。

为了成为瓦西里那样的人，年轻人必须按照《青春宝典》这本书来培养良好的礼仪风度。根据书中所言，要保持良好的风度，就不能在吃饭的时候吧唧嘴、“像猪那样狼吞虎咽”、“唾沫四溅”、啃指甲、舔手指等。当时不学无术的纨绔子弟可是有很多的！

带有彼得一世批注的新俄语字母表。

人们开始读报纸。我们前文讲过，俄罗斯第一份报纸是在阿列克谢·米哈伊洛维奇统治时发行的《自鸣钟》。而彼得大帝时则创办了《新闻报》，这份报纸有广泛的读者群。《自鸣钟》主要刊载外国新闻，而《新闻报》则会刊登关于北方战争的战事、开办了什么手工业工场、要准备什么庆祝活动等各种各样的文章。

САНКТЪПІТЕРБУРХЪ

СЕНТЯБРЯ 20 ДНЯ ПОЛУЧЕНЫ изъ ЛАГАРЯ отъ ТАРКОВЪ.
ВѢДОМОСТИ.

1

Ихъ Велічествы со всѢмъ флотомъ прібыли Моремъ, до Агроханского заліву, Іюля протівъ 28 чісла, благополучно. И здѢлавъ лагаръ.

2 были

《新闻报》某期封面。

作家卡里翁·伊斯托明为皇太子阿列克谢·彼得罗维奇编写的俄罗斯第一本插画版《识字课本》。

出版的日历也很受欢迎。从日历上人们可以得知每一天日升日落的时辰、天气情况、会不会有日食或月食等。18世纪初还出版了小学教材：费多尔·波利卡尔波夫的《识字课本》、列昂季·马格尼茨基的《算术》。《算术》因为记载了各种有效的计算方法而普及率非常高。这本书的作者列昂季出身于普通的农民家庭。他在斯拉夫—希腊—拉丁学院获得了许多知识，彼得大帝因此赐予他新的姓氏“马格尼茨基”，意思是他像一块磁铁一样汲取着各种知识。

原有的印刷厂没有能力印刷更多的图书。因此在俄罗斯新开了多家国营印刷厂。此外，瓦西里·库普里亚诺夫还创办了俄罗斯第一家私营的“公民印刷厂”。这家印刷厂出版瓦西里·库普里亚诺夫本人主编的各种图书、教科书、地图和日历。

在这幅1700年美国出版的版画上描绘了一个露天的书摊。在欧洲许多地方都有这种书摊。但是在莫斯科，喜欢读书的人只有库普里亚诺夫书店一个地方可以去。

在“公民印刷厂”旁边的红场上，库普里亚诺夫还开了一家书店。人们在这儿不仅可以买到各种书籍，还可以随意阅读。这是莫斯科，很可能也是俄罗斯唯一一家免费的、面向公众的图书馆。所有买不起书的人都可以去书店里看书。

从圣像画到肖像画：18世纪的俄罗斯艺术

现在我们每个人都有一摞摞的照片。但是如果你生活在17世纪那个既没有发明照相技术，又没有机会画肖像画的年代该怎么办呢？在那个年代，绘画是属于宗教的艺术，无论壁画、圣像画还是插图，描绘的对象都是《圣经》中的人物。而且画家的作品还必须受到严格的限制。

而在同时代的欧洲，艺术早就另辟蹊径。在欧洲绘画艺术中展现了更多的现实主义因素。从很早之前开始，圣贤和皇室成员就不再是画家们单一的描绘对象，普通人和日常生活场景也是他们关注的重点。

荷兰画家扬·斯特恩《洗礼》局部。画家在这幅画中既描绘了受洗的婴儿，也描绘了观看洗礼的客人。

17世纪的时候在欧洲向画家订购绘画作品的不只是教堂或国王，还有那些能够负担得起这项昂贵消费的有钱人。正是在这个时期出现了新的绘画题材：肖像画、风景画以及静物画。

受欧洲艺术的影响，17世纪在俄罗斯出现了一种新的绘画风格——巴尔松纳肖像画。巴尔松纳肖像画既不是圣像画，也不是肖像画！

“parsuna”（“巴尔松纳肖像画”）这个单词来源于拉丁语“persona”（“人”）。在创作这种题材的绘画时，画家还是会采用旧的圣像画笔法和技法，只不过他们描绘的不再是《圣经》人物，而是世俗人物。画家作画时同样受到严格的限制，人们观看巴尔松纳肖像画的时候很难确定画家描绘的是谁。因此，画家经常会在画上标出画的是谁。

18世纪的时候俄罗斯出现了世俗绘画。可以说，这是彼得一世改革带来的一个结果。彼得大帝时代在艺术领域里独占鳌头的是巴洛克艺术。巴洛克艺术风格的一个显著特点就是追求戏剧性的构图和热情奔放的艺术效果。

俄罗斯画家们在不断地学习。他们学会了肖像画的技法。在这些画家的笔下，普通人都栩栩如生。而沙皇和达官贵人的肖像画看起来都差不多，而且显得毫无生气！这大概是因为艺术家们很难把沙皇看作一个普通人吧。

你在巴洛克风格的绘画中什么都能看到，比如在这幅画中，武器、马、人物、狗全都混杂在一起！因为这一点，彼得一世非常喜爱巴洛克艺术。

俄罗斯艺术大师非常热衷于版画的艺术创作！先拿一块铜版，用金属刻刀或酸性液体腐蚀等手段把铜版刻成所需图样，再把油墨或颜料填在凹陷部分，之后把特制的版画专用纸覆于铜版上，就得到了版画。一块铜版可以做出五百多张纸质版画。还可以做黑白色的版画，然后再手工涂上各种颜色。

在18世纪的时候，许多俄罗斯画家曾经是膳宿生。我们在前文讲过，他们是被彼得一世派去欧洲留学的。另有一些画家则是受到外国友人的邀请去留学的，比如安德烈·马特维耶夫、伊万·尼基京、阿列克谢·祖波夫和伊万·祖波夫兄弟俩、伊万·阿多里斯基、阿列克谢·罗斯托夫采夫等。

艺术家阿列克谢·祖波夫在这幅版画上描绘了彼得一世和叶卡捷琳娜一世的婚礼。在现代社会每一对新婚夫妻都希望拍摄婚纱照纪念自己的婚礼，但是在没有照相机的18世纪，你只能邀请版画家了！

比凡尔赛宫更美：18世纪的俄罗斯建筑

如果你到了中世纪的某个俄罗斯城市，你就可以看到教堂、木结构住宅以及小木屋，还有富丽堂皇的石造宅邸。但是有意思的是，在17世纪的城市里你可以看到几乎一模一样的教堂、木屋和豪宅。

位于莫斯科克鲁季茨科耶的豪华会馆曾经是东正教牧首的宅邸。但是在17世纪时许多朴实的建筑也建有这种高高的楼梯平台。

彼得一世致力于把俄罗斯变成一个欧式国家，他力主废除俄罗斯旧有的建筑式样和建筑结构。而他的许多设想都在建设圣彼得堡的过程中实现了。

看，这座教堂多么挺拔秀丽啊！它就像一个多层的奶油蛋糕，一点都不像以前修建的那些庄严肃穆的教堂。事实上，在17世纪末18世纪初这段时间修建的教堂在外形上都摒弃了以往的风格。它们的外墙上有许多雕塑装饰，比如新奇别致的雉堞和刻花的门窗。这种建筑风格被称为纳雷什金风格。彼得一世的母族纳雷什金家族首先在自己的庄园里建造了这种风格的教堂，而后这种建筑风格迅速流行起来。

菲利圣母帡幪教堂。

彼得大帝时代豪华的宫殿建筑取代了古罗斯石造建筑。其中一座最豪华的宫殿建筑就是位于圣彼得堡的缅希科夫宫。它的主建筑正面面向涅瓦河。无论是主建筑还是附属建筑都有一个尖顶。宫殿入口处有罗马柱装饰。而在门口上方则可以看到雕像栏杆。缅希科夫宫前大门口建造了码头，小型船只可以直接停靠在这儿。

阿列克谢·罗斯托夫采夫创作的版画《缅希科夫宫》。

如果你在彼得大帝那个时代去逛一逛圣彼得堡，你就会发现，当时圣彼得堡市内不仅有私人宅邸和教堂，还有一些公共建筑，比如国家机关、博物馆、学校等。

这就是其中一些公共建筑：俄罗斯第一座博物馆——珍奇馆、科学院，它们都正面面向涅瓦河。

最有趣的一座公共建筑是十二院，它是一栋各委员会联合办公的大楼。但实际上彼得一世设立的委员会只有11个。那么它为什么叫“十二院”呢？答案就在第37页。

当时在圣彼得堡还修建了许多公园和花园。当然，以前的俄罗斯城市里也有花园，但是那些花园里只有一些自然景观。而圣彼得堡的新式花园其实是经过专门设计的休闲场所，人们喜欢来这儿，因为这里的一切都是用来消遣散心的。这些花园里有雕塑、精致的喷泉、昏暗的假山洞，还有种着各种奇花异草的温室。

圣彼得堡的第一座花园“夏园”始建于1704年。彼得一世希望这座花园“比法国国王的凡尔赛宫更美”。他亲自参与了夏园的设计建造。夏园是一个别具特色的由林荫道组成的网状式园林：笔直的林荫道纵横交错，它们都通向夏园四周的河流；到处都种着一簇簇的灌木丛，这些灌木丛可以修剪成各种姿态；园内还有随处可见的大理石雕塑和喷泉。

这就是彼得一世位于芬兰湾南岸的庄园——彼得宫。彼得宫里有宫殿、花园、整齐的小径和喷泉，所有这些都是休息疗养所必需的。

不分年龄的游戏

18世纪的俄罗斯人最喜爱的游戏是挑棒游戏。农村儿童玩的小棒主要是用木棍、金属丝或麦秸秆做成的，孩子们甚至可以自己动手做这种小棒。当然也有用车床旋出来的各种“小棒”玩具。不只孩子们爱玩挑棒游戏，成年人，包括彼得一世都喜欢玩！

车制“小棒”玩具。

玩家把车制小棒撒到桌子上堆成一座小山，然后用小钩一个一个地将其钩出，在钩的过程中不能碰到其他的小棒。当所有的小棒都被钩出来了，游戏就结束了。

根据这个游戏，在俄语中还衍生出了一个俗语“做无谓的琐事”，就是说“做没有意义的小事”。但实际上在18世纪时人们会非常认真地玩挑棒游戏！

让我们看看，挑棒游戏还有什么玩法。玩家先用手捧起小棒，然后猛地撒手，这样小棒就掉到地上堆成一堆。把那些单独掉到一旁的小棒放到一旁。玩家一个一个地抽出小棒，在抽的时候不能碰到其他小棒。如果他能成功地抽出哪根小棒，那根小棒就是他的。想不想自己在家玩玩挑棒游戏？你可以用牙签试试。

俄罗斯人，不论老少和阶层高低，还都喜欢玩投钉游戏。投钉游戏就是在地上放一个环，投大而粗的钉子，使其尖朝下插入环中央的土中。

还有一种俄罗斯民间游戏广受欢迎——打拐子。关于这个游戏的详情请阅读“穿越时空之旅”书系的《保卫莫斯科》。

如果你手里既没有小棒，也没有投钉，那还可以玩捉迷藏、摸瞎子或者像玩蹦床那样在一块板子上跳。

打拐子。

彼得一世非常喜欢下国际象棋。他四岁的时候就得到了一副彩色的玩具象棋，十岁的时候他又命人买了一副真正的象棋。他还喜欢下跳棋，但是很讨厌玩纸牌，认为纸牌是浪费时间的无脑游戏。

但是彼得一世的很多亲信大臣都爱玩纸牌游戏。许多贵族在玩纸牌的时候赌注很大，结果不仅输掉了巨额的钱财，还输掉了房子、村庄和所有的农奴。

关于彼得一世的亲信大臣，请阅读第32—33页。

普通人也喜欢玩纸牌，尽管纸牌游戏和其他赌博类游戏一样都被政府禁止了。

在彼得大帝时代俄罗斯还出现了台球。彼得一世本人在随着大使团出访欧洲的时候学会了这种游戏，他还定做了一张台球桌，命人把它放在接待室，“以防止外交官闲得无聊”。

18世纪的人们在打羽毛球。看看这种游戏和我们今天打的羽毛球是一样的吗?

18世纪初的人们还喜欢打特鲁克塔菲里球。这种球介于台球和保龄球之间。玩家需要用手把石球扔进长桌两侧的斜槽里。

下大雪的时候，大人小孩都喜欢坐着小雪橇或冰排子从冰山上溜下来。谢肉节的时候大人们经常会来一场占领白雪小城或冰堡的战斗游戏。一队参与者进攻城堡，另一队则守卫城堡。如果城堡塌了，战斗就结束了。如果你是18世纪的儿童，大人们是不会带着你玩这个游戏的，因为这个游戏有一定的危险性，在玩的过程中经常会有人骨折或其他地方受伤。

玩物和潘克：18世纪的儿童玩具

玩具在18世纪被称为“玩物”，是娱乐消遣用的器物。那个年代的玩物有陶制的，也有木制的。如果你生活在300年前，那么你的玩具主要是摇铃、小人偶、小动物玩具以及哨子等。

小陶马。

谢尔吉耶夫镇盛产彩绘玩具，而博格罗茨科耶生产的木雕小人偶或小动物玩具则一般是原色的。但是除了博格罗茨科耶，你在其他任何地方都找不到这么有趣的、能活动的玩具！只要拽一下绳子，小人偶或小动物就开始动了！

传统的博格罗茨科耶玩具是原色椴木小人偶、小动物和小鸟。而博格罗茨科耶玩具最经常表现的主题就是农夫和熊的故事。

木制玩具分为车制玩具和手工玩具。车制玩具是用车床旋制而成的，而手工玩具则是工匠用斧头等工具凿刻出来的。

如果你有一个这样的潘克玩偶，那么无论谁在任何时候都不能扯掉它的脑袋。

如果你生活在18世纪俄罗斯北方的普斯科夫、阿尔汉格尔斯克、诺夫哥罗德等地区，那么你最喜欢的玩具就是潘克！潘克是用整块木头雕刻而成的人偶或动物俑。潘克这个词有“根”“树干”的意思，意思是对树根或树干经过简单粗糙的加工制造出来的玩具。

伏尔加河地区的玩具大师们以制造安装了轮子的马出名。木制玩具不只是玩具，还是神奇的护身符，它们能保护主人远离疾病和灾祸。

维亚特卡盛产迪姆科沃小泥人。这种色彩鲜艳的陶制小玩具的出现与斯维斯杜尼娅节有关。人们在春天庆祝斯维斯杜尼娅节，过节的时候，姑娘们用黏土做成马、绵羊、鸭子等各种形状的哨子。每一个迪姆科沃小泥人都是由师傅手工制作的，因此世界上绝不会有两个一模一样的小泥人。

直到今天迪姆科沃小泥人仍是手工制作的。

我们去玩具作坊看看工匠们是怎么制作小泥人的。首先他们用黏土捏好小泥人身体的各个部分，再把各个部分粘到一起，晾上许多天，然后放进炉子里烧制。之后用牛奶里提炼出的白色颜料给玩具上色，这之后再进行彩绘。彩色颜料需要用蛋黄和格瓦斯调和。而彩绘之后的玩具表面需要再涂一层打发出泡沫的蛋液，这样一来玩具的颜色会更加艳丽，而且不会褪色。

无论在俄罗斯，还是在欧洲其他国家，彼得鲁什卡这种类型的木偶都深受观众的喜爱。你能想象吗？在木偶剧表演时所有的木偶都是由一个演员来操作的！

在俄罗斯最受欢迎的玩具娃娃是彼得鲁什卡。这是一种用布做的玩偶，有一个陶制的或布做的脑袋。演员可以把这种木偶套在手上表演木偶剧。

在彼得大帝时代，俄罗斯从意大利引进了一种木偶——提线木偶。这种木偶的各个关节是活动的，手臂和腿可以弯曲，而头部则可以转向各个方向。

如果你出身于一个贵族家庭，那么你可能会从长辈那里得到从国外带回来的八音盒、发条玩具、能打子弹的玩具枪。而有钱人家的小姑娘们则会得到穿着刺绣礼服的瓷娃娃。

彼得一世一岁的时候得到了一个做得非常逼真的、踩着轮子的小马玩具。两岁生日那一天他又得到了一个套着小矮马的小小的四轮轿式马车。这辆小马车现在保存在莫斯科克里姆林宫博物馆里。此外，小彼得还收到过矛、弓、箭矢、斧头等各种玩具武器。他的父亲阿列克谢·米哈伊洛维奇甚至曾经送给他两个真正的小型火炮！

身穿刺绣礼服的瓷娃娃。

怎样才能在舞会上避免出丑：彼得大帝时代上流社会的生活

贵族家庭可能很长一段时间都不习惯新的生活方式：他们必须穿欧式礼服，适应装了壁炉和许多镜子的室内装潢，吃外国菜。沙皇彼得·阿列克谢耶维奇甚至下令空闲的时候也要按照欧洲人的方式来放松！

彼得一世为此做的第一件事就是1702年下令在红场上建造一座能容纳400名观众的公共剧院。这是俄罗斯第一座剧院，它不限制任何人入内观看演出！

最初在这座剧院登台演出的只有外国人，而且他们表演的是用外语写的外国戏。现在你明白，为什么当时的俄罗斯观众不喜欢戏剧了吧。

反倒是业余爱好者演出的戏剧比较受欢迎。这些戏剧的演员是外科医学校的学生。他们排演的不只是道德剧，还有为圣诞节和复活节而创作的贺喜剧，以及歌颂沙皇彼得一世的颂圣剧。

这是荷兰药剂师阿尔伯特·塞巴。彼得一世几乎买下了他的珍奇博物馆里的所有藏品。

在随着大使团出访欧洲期间，彼得一世参观了许多奇物馆。他从欧洲不仅带回了书籍、武器，还有许多自然界的稀有物品。沙皇的收藏品越来越多，是时候开一家博物馆了！

彼得一世购买的珍品奇物是沙皇宝库珍奇馆建立之初的主要藏品。

1714年这个博物馆开放了。为了能容下彼得一世所有的收藏品，沙皇还在瓦西里耶夫岛上修建了专门的建筑，这就是“圣彼得堡科学院、图书馆和珍奇馆大楼”。

从1718年开始，贵族们必须去参加舞会！舞会主办者会邀请除了农奴之外的所有人去参加，包括军官、高官显贵、学者、商人、造船大师等。在舞会上女士们甚至可以和男士们一样寻欢作乐。对此人们只能私下嘀咕，但谁也不敢公开反对沙皇的命令。

“舞会”这个单词来源于法语单词“assemblée”，表示一群人聚在一起寻欢作乐。如果你生活在彼得大帝时代，你甚至能得到一本行动指南，上面详细写着该怎么样在舞会上寻找欢乐。

舞会一般开始于下午四五点，结束于晚上十点。主人提供场地和小点心。一些人喜欢坐在小桌子旁下跳棋和国际象棋。但是舞会的重头戏当然是跳舞了。在最初举办的几场舞会上，人们还不太适应欧式礼服，因此许多人跳舞的时候都显得滑稽而笨拙。他们不仅不能优雅地跳舞，甚至都不知道该怎样礼貌地起身、坐下。如果你不会跳舞，那么，完全有可能沙皇会亲自教你如何跳舞！

正在吸烟的荷兰人。

从欧洲回来后，彼得一世就开始鼓励俄罗斯人吸烟、嗅鼻烟、嚼烟草，在舞会上也是如此。而在阿列克谢·米哈伊洛维奇统治期间，沙皇政府是禁止吸烟的，违者甚至会受到杖刑。事实上，允许人们购买烟草是对国家有利的，因为卖烟草的收入都进国库了。

关于阿列克谢·米哈伊洛维奇和他对欧洲新事物的态度，请阅读本书第11页。

烟花：彼得大帝时代的节日

在9月庆祝新年是什么感觉？9月的时候天气还不冷，树上的叶子正在慢慢变黄……是不是不太习惯？但是在彼得大帝时代之前，俄罗斯人确实是在9月过年的！直到1699年12月20日，沙皇下令：废除9月1日过年的习俗，改到每年的1月1日。

烟花还被称为“焰火”。但最初不是所有人都喜欢烟花的。1675年，荷兰大使在大乌斯秋格市一条河边燃放了烟花，看到的人不禁四散奔逃——在他们看来烟花就像火蛇一样可怕！

今年是公元多少年，就是指新纪元之后，或者说基督诞生之后过了多少年。俄罗斯人是从彼得大帝时代开始采用公元纪年的，而在此之前则采用创世纪年。1699年，彼得一世下令采用儒略历（旧历），将“创世纪年”7208年12月31日的次日改为1700年1月1日。

历法改革之前，每年的9月1日俄罗斯人会举办宗教仪式来庆祝新年，感谢上帝赐予人们富裕安康的一年。人们会在克里姆林宫广场上安置两个宝座，一个是沙皇的，另一个则是大牧首的。而从1700年1月1日起，俄罗斯人开始在红场上燃放璀璨绚烂、震耳欲聋的烟花，以此来庆祝新年！彼得一世希望用这种方式来迎接新的一年，而不是感谢过去的一年！

所有人都被要求参加新年庆祝活动。人们要用杉树枝来装饰自家大门，鸣枪放炮，还要升起新年篝火。

在冬天过节时，无论大人小孩都喜欢坐着雪橇从小山上滑下来。

圣诞节过后第六天就是新年，第十二天就是主显节，即耶稣受洗节。从圣诞节到主显节这段时间就是圣诞节假期。所有人，包括沙皇和达官显贵都必须穿着奇装异服、戴上面具上街参加游行活动并载歌载舞。

大斋期开始前一周，人们会庆祝“谢肉节”（又称“送冬节”）。在这七天里人们可以纵情欢乐：滑雪滑冰、载歌载舞，还有许多人带着手鼓、巴拉莱卡琴走家串户，请求主人允许他们唱一段庆祝节日的歌曲。谢肉节的最后一天，人们还要烧掉象征冬天的稻草人，寓意将讨厌的冬天送走了。

在胜利庆典活动开始之前人们还会先修建凯旋门。在古罗马这种拱形门是用石头建造的，可以屹立数个世纪，将士们凯旋时会走过这些凯旋门。而在俄罗斯，为了迎接胜利归来的彼得大帝而修建的凯旋门使用的是并不坚固的材料，这种临时的凯旋门更像是为了演出而布置的舞台。

打胜仗的时候俄罗斯人也会举办胜利庆典活动。庆典从祷告开始，接着是鸣礼炮、放烟花和假面舞会。最后则是一直持续到次日凌晨的盛宴。举办宴会的时候卫兵就守在大厅门口，防止任何人提前离开。

彼得大帝本人嗜好杯中物，甚至达到了酗酒的程度。他还喜欢聚众豪饮，常常不顾及自己和客人的酒量大小，有时候这种喝法会引发严重的疾病甚至是死亡。

彼得大帝还喜欢举办化装游行活动。如果你也要参加这种化装游行，那你可以打扮成古希腊罗马神话中的神、历史名人、野兽或鸟类。所有参加者都要像在剧院里演出一样认真扮演自己的角色！

彼得大帝时代之后

在彼得大帝时代，人们为各种各样的事情来举办庆祝活动：战争胜利、轮船下水、建成了一座宫殿或公园，当然，还有新年！

而在1721年，为了庆祝俄罗斯同瑞典签订《尼斯塔德条约》，人们举办了一场几乎是历史上最大规模的庆典活动。烟花燃放和化装游行直到深夜还没有停歇。彼得一世本人穿着一件荷兰水手的外套，敲着鼓，领着游行队伍前进。但是很少有人能想到，其实沙皇本人身体很不舒服，因为肾结石让他疼痛得非常厉害。1724年，彼得一世的病更严重了，尽管如此，他仍坚持处理政务。而在1725年1月他已经无法起床了。

还记得吗？我们前文讲过，彼得大帝在幼子夭折后曾经颁布过新的“皇位继承法”。根据新的法令，沙皇可以自己指定继承人。但是彼得一世希望由谁来继任沙皇成了永远的谜团，因为他没有表达自己的意愿就去世了。1月27日深夜，还在他逝世之前，参政院和宗教院的官员就聚在一起商量由谁来继承皇位。在缅希科夫和禁卫军的施压下，参政院决定，由彼得一世的第二任皇后叶卡捷琳娜·阿列克谢耶夫娜继任为沙皇，即叶卡捷琳娜一世。

叶卡捷琳娜一世。

彼得大帝改革的新举措一直沿用了数百年。其中征兵制沿用了170年，参政院存在了206年，而人头税也在实行了163年之后才被取消。彼得大帝改革使俄罗斯完成了一次前所未有的跨越，在科技、经济、军事等各个领域都进入了欧洲强国之列。但并非所有人都满意彼得大帝改革！

在彼得大帝时代，农民受到的压迫尤其严重。正是他们用双手推动了彼得大帝改革的实施！他们向国库缴纳税金，成为水手和士兵，在田地里和工厂里辛勤劳作。但是他们的忠诚又得到了什么呢？只有更多更重的奴役。

贵族也对终生服役制不满，并且他们一直想要扩大手中的权力。而他们也终于在18世纪下半叶的时候得到了自己想要的，成了真正意义上的特权阶层！

现在我们每个人都明白教育对人的重要意义，以及集体或共同决定社会生活的方方面面才更加公平。在这方面彼得一世这位改革者可谓居功至伟。不用怀疑，直到今天，俄罗斯人民仍然受惠于彼得大帝改革！比如，早餐要吃三明治，要研究地理！

历史学家对彼得大帝本人以及他推行的改革褒贬不一。一些人认为，当时的俄罗斯需要改革，只有像彼得大帝这样坚毅的人才能承担起改革这个重任。另一些人则认为，彼得大帝改革使俄罗斯完成了一次跳跃式发展，但这次跳跃是被迫的，而改革本身是盲目的，没有经过深思熟虑。但是改革的效果很明显：彼得大帝时代之后的俄罗斯无法再回到从前的道路上。彼得大帝时代是俄罗斯历史上最关键的转折期之一。

书中所用插图

第8页《1683年大寒灾》，版画，佚名画家 作。

第9页《围困包岑》，彩印版画，老M.马特乌斯 作，1620年；

《沙皇米哈伊尔·费多罗维奇·罗曼诺夫肖像》（局部），佚名画家 绘，17世纪。国家历史博物馆，莫斯科。

第10页《在泽姆良诺城外斯列京斯卡娅大街上迎接沙皇米哈伊尔·罗曼诺夫和皇太后玛尔法·伊凡诺夫娜》（局部）；

《沙皇阿列克谢·米哈伊洛维奇肖像》（局部），佚名画家绘，1670年代末至1680年代初。国家历史博物馆，莫斯科；

鱼鳞币，1660年代。私人收藏。

第11页 1690—1710年间莫斯科的德国村。

第12页《皇后玛利娅·伊里尼奇娜·米洛斯拉夫斯卡娅肖像》；

《皇后娜塔莉娅·基里洛夫娜·纳雷什金娜肖像》（局部），佚名画家 绘，18世纪末。冬宫博物馆，圣彼得堡；

阿列克谢·米哈伊洛维奇的科洛姆纳宫，照片。

第13页《俄罗斯舰队的雏形：彼得在莫斯科河上划小艇》。

第14页《索菲娅公主肖像》（局部），佚名画家 绘，19世纪上半叶。冬宫博物馆，圣彼得堡；

为了纪念克里米亚远征而发行的乌戈尔金币，复制品，1688—1689年。

第16页《莫斯科的外国使馆》，A.梅耶尔别克 绘。

第19页 彼得大帝作业本上的一页；

神职人员。

第20页 18世纪卖蔬菜和茶的小商贩，И.布罗特采 绘。

第22页 油灯，18世纪；

瓷砖，1680年代；

《卫生间里的女士》（局部），17世纪。乌特列赫茨卡亚学校。

第23页 彩绘摇篮侧壁（局部），别尔莫郭里耶 作，1830年代；

木制松明架，19世纪。私人收藏；

喀山猫，民间木版画，17世纪。

第24页《俄罗斯婚礼》，铜版画。

第25页《沙皇阿列克谢宠爱小彼得》；

坐着纺线的农家姑娘。

第26页《襁褓里的双胞胎》，佚名画家 绘，1617年；

《在农民的木屋里》。

第27页《学走路》（局部），M.杰拉尔 绘，约1788年。冬宫博物馆，圣彼得堡；

《蒙旁西埃公爵路易·菲利普·约瑟夫婴儿时期肖像》，Ф.布舍 绘，约1750年；

《玩球》，彩印版画，H.阿尔诺 绘，17世纪末。

第28页《厨师和女仆在厨房里》（局部），И.贝克拉尔小组 绘，16世纪；

《18世纪的厨房》，版画；

《点心师》，版画，18世纪。

第29页《咖啡馆的政治家》，版画，1733年。

第30页《法国国王路易十四》，彩印版画，1698年；

《玛奇丝·德—安特拉戈》，彩印版画，H.博纳尔 作，1695年；

潘多拉娃娃，18世纪；

撒粉盒，约1695年。

第31页《理发师和旧礼仪派教徒》，木版画，18世纪初；

须税凭证，复制品。

第33页《缅希科夫在别廖佐夫镇》。

第34页《18世纪的苦役犯》。

第35页《皇太子阿列克谢·彼得罗维奇》（局部），И.Г.坦那乌埃尔 绘，1710—1715年。国立俄罗斯博物馆，圣彼得堡。

第36页《贵族杜马会议》，C.B.伊万诺夫 绘，16—17世纪。

第37页《十二院大楼》，彩印版画，18世纪上半叶。

第38页《洗礼》，铜版画；

《反基督者：沙皇彼得一世、大牧首尼康和撒旦》（局部），木版画，19世纪。

第39页《普列奥布拉仁斯基兵团近卫军军官》。

第40页《1700年围困纳尔瓦》，佚名画家绘，18世纪初。塔林市博物馆；

《瑞典国王卡尔十二世》（局部），Д.冯·克拉夫特 绘。芬兰国家美术馆。

第41页 为纪念瑞典人取得纳尔瓦之战的胜利而发行的银币，复制品；

《国王出行》（局部）中描绘的奥古斯特二世，墙心嵌板，1904—1907年。德累斯顿；

《1750年的纳尔瓦》，彩印版画，佚名画家 作，18世纪。

第42页《17世纪的莫斯科街道》（局部）；

《射击军》（局部）。

第44页《伊万·马泽帕》（局部），版画，18世纪；

《列斯纳亚战役》，H.拉尔梅森根据小马特金原作制作的彩印版画，1722年。

第45页《波尔塔瓦战役中被俄军缴获的卡尔十二世的担架》；

《波尔塔瓦战役：瑞典人在彼得一世面前放低战旗》。

第47页《巴约讷人对阿姆布斯卡德人的海战》，路易·菲利普·克列平 绘，1798年。海事博物馆，巴黎；

《俄罗斯舰队占领亚速要塞》。

第48页《包围诺特堡》（局部），水彩画，Г.В.什平巴赫 绘，1703年。

第49页 耶菲姆·尼康诺夫“隐形船模型”，照片；

为了纪念汉古特海战的胜利而发行的纪念币，复制品，

1714年。

第50页《1698年圣彼得堡所在地区的地形图》，A. 克洛尼奥尔 特绘，水彩画。

第51页 彼得大帝的小屋（彼得一世在圣彼得堡最初的宫殿，也称“红色宫殿”），照片。

第53页《彼得一世在圣彼得堡建筑工地上》（局部），Г.А.别西斯绘，俄罗斯艺术科学院科研博物馆；

《从冬宫到科学院的涅瓦河水道》（局部），Г.А.卡恰洛夫根据М.И.马哈耶夫原作制作的版画，1753年；

《阿尔汉格尔斯克城市印象》，水彩画，18世纪末。

第54页《医生》（局部），彩印版画，18世纪；

《莱顿大学的解剖室》，版画，17世纪初。

第55页《截肢手术》（局部），彩绘玻璃，1660年。牛津大学图书馆，牛津；

《草药园》，照片；

药柜子，17世纪。私人收藏。

第56页 蚕茧，照片。

第57页《耕田：春天》（局部），А.Г.维涅奇阿诺夫 绘，1820年代。国立特列季亚科夫画廊，莫斯科；

《安托万·帕门蒂尔画像》（局部），玖蒙 绘，1812年。凡尔赛宫。

第59页《俄罗斯冬天的集市》。

第60页《筏运工》。

第61页《马车式雪橇》；

《半敞篷的雪橇》，铜版画，М.Ф.达玛姆·杰马尔特列 作，1820年代。

第62页 银戈比，复制品，17世纪末；

《俄罗斯货币（皮匠店）》；

彼得大帝时代的钱币：2卢布金币、1卢布银币、铜戈比、50戈比银币，复制品。

第63页《彼得一世赏赐给一等文官戈洛夫金土地的证明文件：官秩表》，1711年。

第64页《算术课》，版画，18世纪。

第65页《莫斯科的苏哈列夫塔》（局部），А.К.萨夫拉索夫 绘，1872年。国家历史博物馆，莫斯科；

《鞭笞学生》（局部）。

第66页《位于莫斯科的俄罗斯第一家印刷厂创办人伊万·费奥多罗夫雕像》，С.М.沃尔努辛 摄影，照片，1909年；

带有彼得一世批注的新俄语字母表照片。

第67页《新闻报》某期封面，1722年；

《卡里翁·伊斯托明手绘识字课本》（局部），1693年。乌瓦洛夫藏品第8类92集，国家历史博物馆，莫斯科；

《卖书的人》，版画，С.尼克尔斯 作，17世纪。

第68页《洗礼》（局部），扬·斯特恩 绘，1664年。乌奥列斯收藏，伦敦。

第69页《亚马孙人的战斗》（局部），鲁宾斯 绘，约1618年。老绘画陈列馆，慕尼黑；

《彼得一世和叶卡捷琳娜一世的婚礼》，版画，阿列克谢·祖波夫 作，1712年。

第70页 莫斯科克鲁季茨科耶的大牧首会馆，1655—1670年，照片；

菲利圣母帡幪教堂，1690—1694年，照片；

《缅希科夫宫》，版画，阿列克谢·罗斯托夫采夫 作，1716年。

第71页《从冬宫到科学院的涅瓦河水道》（局部），Г.А.卡恰洛夫根据М.И.马哈耶夫原作制作的版画，1753年；

《从芬兰湾看彼得宫》，П.阿尔特米耶维奇·阿尔特米耶夫、Н.费多罗维奇·切尔纳科夫根据М.И.马哈耶夫原作制作的版画，1761年。

第72页《跳板游戏》，铜版画；

《打拐子》，铜版画。

第73页《帕拉莫什卡和萨沃斯科伊打扑克牌》，木版画，18世纪末；

《打羽毛球》，彩印版画，Н.阿尔诺 作，17世纪末。

第74页 小陶马，16—17世纪。莫斯科冈察尔纳亚小镇；

博格罗茨科耶玩具，照片；

潘克玩偶，19世纪。奥涅加半岛，阿尔汉格尔斯克省。

第75页 迪姆科沃小泥人，照片；

潘奇与朱迪；

瓷娃娃，复制品，17世纪末。

第76页《两个侏儒》，木版画。18世纪上半叶；

《阿尔伯特·塞巴肖像》，彩印版画，Я.候布拉金 作，1731年。

第78页《坐雪橇从山上滑下》。

第79页《斯特罗甘诺夫凯旋门》，版画，Д.亨德里克 作，1710年。

第80页《叶卡捷琳娜一世女皇》。

搭句话呀！

将死了，
阁下！

彼得一世

明天还要
去上班！

请赏脸
跳支舞吧！

图书在版编目（CIP）数据
彼得大帝时代 /（俄罗斯）叶甫盖尼娅·苏斯洛娃著；（俄罗斯）A.鲁班绘；李雪译．—南京：译林出版社，2019.6
（穿越时空之旅书系）
ISBN 978-7-5447-7693-6

Ⅰ．①彼… Ⅱ．①叶… ②A… ③李… Ⅲ．①俄罗斯-中世纪史-青少年读物 Ⅳ．①K512.34-49

中国版本图书馆CIP数据核字(2019)第055355号

Мы живём в эпоху Петра Первого
We Live in the Time of Peter the Great
Written by Evgeniya Suslova, illustrated by Alina Ruban
Пешком в историю®
© ИП Каширская Е.В., 2014
A Walk Through History Publishing House®
© Sole Trader Ekaterina Kashirskaya, 2014
The simplified Chinese translation rights arranged through Rightol Media
（本书中文简体版权经由锐拓传媒取得 Email: copyright@rightol.com）
Simplified Chinese edition copyright © 2019 by Yilin Press, Ltd
All rights reserved.

著作权合同登记号　图字：10-2016-640号

彼得大帝时代［俄罗斯］叶甫盖尼娅·苏斯洛娃 / 著 ［俄罗斯］A.鲁班 / 绘 李雪 / 译

责任编辑　宋　旸
特约编辑　刘　杨
装帧设计　薛顾璨
责任校对　蒋　燕
责任印制　单　莉

原文出版　A Walk Through History Publishing House®，2014
出版发行　译林出版社
地　　址　南京市湖南路1号A楼，邮编：210009
邮　　箱　yilin@yilin.com
网　　址　www.yilin.com
市场热线　025-86633278
排　　版　北京视通嘉业国际文化传媒有限公司
印　　刷　恒美印务（广州）有限公司
开　　本　787毫米 ×1092毫米 1/16
印　　张　5.5
版　　次　2019年6月第1版　2019年6月第1次印刷
书　　号　ISBN 978-7-5447-7693-6
定　　价　36.00元

版权所有·侵权必究
译林版图书若有印装错误可向出版社调换，质量热线：025-83658316